AF121666

Staats- und socialwissenschaftliche Forschungen

herausgegeben

von

Gustav Schmoller.

Siebenter Band. Zweites Heft.

(Der ganzen Reihe neunundzwanzigstes Heft.)

C. A. Zakrzewski, Die wichtigeren preussischen Reformen der directen ländlichen Steuern im achtzehnten Jahrhundert.

Leipzig,
Verlag von Duncker & Humblot.
1887.

Die wichtigeren preussischen Reformen der direkten ländlichen Steuern im achtzehnten Jahrhundert.

Von

Dr. phil. C. A. Zakrzewski.

Leipzig,
Verlag von Duncker & Humblot.
1887.

Vorwort.

Wie der Fortschritt der Erkenntnis in den Naturwissenschaften darauf beruht, dass einerseits die einzelnen Naturobjekte möglichst isolirt, und anderseits die Methode der Untersuchung, die Instrumente usw. immer von neuem geprüft, geschärft und vervollkommnet werden, ebenso erforderlich erscheint es für staatswissenschaftliche Forschungen, die einzelnen Objekte aus dem politischen Gesammtleben zunächst thunlichst auszusondern. Ebenso nothwendig ist es ferner, dabei zugleich die wissenschaftlichen Anschauungen, Begriffe, Prinzipien und Postulate, die Lieblingsmeinungen der Schule und der öffentlichen Meinung auf ihren wahren Werth zu prüfen. Nur alsdann kann man zu relativ-wissenschaftlichen Ergebnissen gelangen, welche der Gegenwart genügen.

So sehr die Kritik und die begriffliche Durchdringung auch bei historischen Untersuchungen der Staatswissenschaften als das Wichtigste erscheinen, ebensowenig darf bei einer verhältnismässig noch jungen Wissenschaft, wie es die Finanzwissenschaft ist, die Schilderung der individuellen Beschaffenheit und Eigenart auch der geringsten Steuern als Ausgangspunkt unterlassen werden. Man wird bei dieser Gesammtauffassung finden, wie die einfachsten Finanzreformen mit den volkswirthschaftlichen Zuständen, der Verwaltung und Rechtsordnung, ferner der Bevölkerungsdichtigkeit, der moralischen und politischen Energie eines Volkes in innerer Berührung stehen und von Einfluss sind. Nur alsdann kann man diese einzelnen Erscheinungen des Finanzwesens vollständig verstehen.

Weniger als zu erwarten war, boten die noch vorhandenen Urkunden Material hiezu. Dennoch gewähren sie uns den bedeutsamen Einblick, dass diese einfachen preussischen Steuerreformen zugleich wichtige Reformen der Volkswirthschaft und der inneren Politik dieser Epoche enthalten und veranlassen. Und das ist meines Erachtens das Spezifisch-Preussische an diesen Steuern und das Charakteristische der

Hohenzollernpolitik. Dadurch erhalten dieselben ein eigenartiges Gepräge, wodurch sie sich von allen gleichzeitigen und späteren Versuchen in Schweden, in Oesterreich wie überhaupt in der bisherigen Finanzgeschichte zu ihrem grossen Vortheil unterscheiden.

Diese bescheidenen Steuern repräseniren Errungenschaften der beiden so hervorragenden Könige Preussens auf dem Gebiete der direkten Steuern, zu welchen Frankreich erst nach der Revolution, England nie gelangte, während Oesterreich nur in dem Censimento Milanese (1719—1760) eine grosse Leistung gewagt hat.

Ich wurde zur Inangriffnahme des Gegenstandes dieser Schrift — über den Generalhufenschoss (1715—1719) handelte meine Inauguraldissertation — durch Herrn Prof. Schmoller veranlasst und empfing die grösste Anregung und Förderung in dem staatswissenschaftlichen Seminar desselben; für dies alles fühle ich mich dem letzteren zu innigstem Danke verpflichtet

Gleichzeitig sage ich auch der königl. Verwaltung der Geh. Staatsarchive, insbesondere den Herren Geh. Archivräthen M. Lehmann und Reuter in Berlin, den Staatsarchivaren Herren Prof. Grünhagen in Breslau, v. Bülow in Stettin und Dr. R. Prümers in Posen für ihre so vielfachen grossen Bemühungen meinen verbindlichsten Dank.

Tauersee in Ostpreussen im Juli 1887.

Der Verfasser.

Inhalt.

Einleitung.

Die Entwickelung des Finanzwesens in Deutschland hat nach einander innerhalb der verschiedenen politischen Körper, der mittelalterlichen Städtestaaten, des Reiches und der Territorien stattgefunden. Während aber in den Städten des Mittelalters, in welchen zuerst die Geldwirthschaft an Stelle der Naturalwirthschaft trat, die Finanzwirthschaft, insbesondere das Steuer- und Staatsschuldenwesen, einen hohen Grad und eine interessante Ausbildung erreichte[1]), gelangte das Reich nur zu eigentlichen Matrikularbeiträgen. Die wichtigsten politischen Machtkreise und die eigentlichen historischen Träger der Steuerentwickelung bis zu Anfang unseres Jahrhunderts sind die Territorialstaaten geworden.

In diesen findet in dem Jahrhundert des grossen geistigen und wirthschaftlichen Aufschwunges, und zwar in der ersten Hälfte des 16. Jahrhunderts, die grösste und wichtigste Epoche der Steuerentwickelung statt. Fast in allen ständischen Patrimonialstaaten finden wir aus dieser Zeit die ersten Kataster vor. In Böhmen[2]) und in Schlesien[3]) werden bereits grössere, nach einheitlichen Gesichtspunkten verfasste Steuerreformen durchgeführt, in Bayern eine umfassende Steuerordnung[4]) erlassen.

Ueberall aber tritt seit dieser Zeit ein Stillstand[5]) ein. Die Kataster werden nicht vervollkommnet oder fortgeführt; die bisherigen Steuern erstarren oder entarten. Schliesslich dienen sie nur noch zu einem Vertheilungsschlüssel für die

---

[1]) G. Schönberg, Finanzverhältnisse Basels im 14. und 15. Jahrhundert, Tübingen 1879, und Zeumer, die deutschen Städtesteuern, besonders die städtischen Reichssteuern im 12. und 13. Jahrhundert (Schmollers staats- und socialw. Forschungen I 2), Leipzig 1878.

[2]) v. Gindely, Geschichte d. böhm. Fin., Denkschr. der k. k. Akademie der Wissenschaften Bd. 18.

[3]) K. G. Kries, Historische Entwickelung der Steuerverfassung in Schlesien, Breslau 1842.

[4]) Lud. Hoffmann, Geschichte der direkten Steuern in Bayern (Schmollers staats- u. socialw. Forschungen IV 2), Leipzig 1883, S. 53 ff.

[5]) G. Schmoller, Epochen der preussischen Finanzpolitik (Jahrbuch für Gesetzgebung usw. im Deutschen Reiche 1877 S. 41 ff.).

lokale Subrepartition. Die zu immer grösserer Macht gelangenden Stände hatten überhaupt an einer Reform kein Interesse mehr, am allerwenigsten an der Steuerentwickelung. Erst mit der Erstarkung der Staatsgewalt gegenüber dem Ständethum zur Zeit des aufgeklärten Despotismus beginnt wieder eine Periode der Reform direkter Steuern vom Ende des 17. bis zum Ende des 18. Jahrhunderts, welche erst durch die Steuerreformen in unserem Jahrhundert theils übertroffen, theils fortgeführt werden.

Die wichtigsten dieser Steuerreformen, wie sie in den einzelnen preussischen Provinzen im Laufe des 18. Jahrhunderts durchgeführt werden, ausführlich zu behandeln, ist der Zweck und die Aufgabe dieser Arbeit.

Erster Abschnitt.

Der Generalhufenschoss in Ostpreussen

(1715—1719).

---

§ 1. Die ständischen Steuern.

Sowohl wegen seiner politischen Entwickelung als auch insbesondere infolge seines Finanzwesens gehört Ostpreussen zu den hervorragendsten Territorien im Mittelalter. Die politischen Zustände waren hier ganz vornehmlich auf die Ausbildung des Steuerwesens von massgebendstem Einflusse. Nach dem Wechsel der ersteren zerfällt die Entwickelung der Steuern dieses Territoriums in drei Abschnitte: in die Zeit bis zur Säkularisation des Ordenslandes (1525), in die Periode bis zum Heimfall des Herzogthums an Kurbrandenburg (1618) und endlich in die Epoche bis zum Regierungsantritt König Friedrich Wilhelms I. (1713).

Vor der Säkularisation flossen den Ordensherren die grossen Einkünfte aus der geordneten Zinsverfassung und der vorzüglichen Regal- und Domänenwirthschaft zu; Steuern kommen erst gegen das Ende der Ordensherrschaft und nur in wenigen Fällen vor.

Um ein Söldnerheer (1391) zum Zuge gegen die Lithauer (Jagello) anzuwerben [1]) und bei dem Ankauf der Neumark (1401) wurden von dem Hochmeister Vermögens- und Kopf-

---

[1]) Baczko, Geschichte Preussens, Königsberg 1795, Bd. 2 S. 256 ff. und S. 279.

steuern erhoben; seit 1411 kommen infolge des Krieges wiederholt Vermögens-, Familien- und Dienstlohnsteuern [1]) vor.

Alle diese Steuern sind mehr durch Gewalt erzwungen als durch kluge Politik mit dem Anschein ihrer Berechtigung von den Bewohnern erhoben. Ich verweise nur auf den brutalen Vorgang gegen die Stadt Danzig. Der Orden war nicht mehr fähig, dieses neue Institut politischen Lebens in einer einigermassen geschickten Weise auszubilden. Und dieser Umstand war eine der Hauptursachen zum Bürgerkrieg und zu dem Verlust eines Theiles von Preussen an Polen.

Nach der Säkularisation des Ordenslandes treten die Steuern in den Vordergrund des Finanzwesens und bilden die Haupteinnahmequelle des Herzogs. Sie werden regelmässig von den Ständen bewilligt, welche bald fast alle Befugnisse über dieselben an sich reissen. Nirgends nämlich haben sich die Verhältnisse zwischen dem Territorialfürsten und den Ständen in Deutschland so sehr zugespitzt wie hier. Als die Stände, insbesondere die Vertreter der Städte, sich dem Herzog Albrecht gegenüber zu wenig willfährig erwiesen und zu geringe Summen bewilligten, erbot sich ein politischer Abenteurer, Hans v. Besenrode, (1529) dem Herzog, durch Gewalt die Macht der Städte vollständig zu brechen [2]). Mit Hilfe eines Söldnerheeres wollte er die Auslieferung aller Privilegien der Städte Königsberg durchsetzen und dieselben in Dörfer verwandeln. Kurz vor der Ausführung dieses Planes jedoch starb Besenrode. Ein anderer politischer Abenteurer, Skalich, macht sich (1560) dem Herzog gegenüber anheischig, mit Hilfe eines grösseren Söldnerheeres die Macht der Stände vollständig zu beseitigen und dieselben „in Unterwürfigkeit zu erhalten“. Skalichs Plan wurde aber zu früh bekannt, und es erfolgte die sogen. Adelsrebellion, das eigenthümlichste Ereignis der ständischen Epoche in Deutschland. Es ist hier nicht der Ort, auf diese Verhältnisse näher einzugehen. Die Folgen derselben für die Steuerbewilligung wurden bald fühlbar. Der alternde Herzog bekam auf den Landtagen kaum noch so viel bewilligt, um die nothdürftigsten Bedürfnisse decken zu können. Nach seinem Tode haben die Stände nur Steuern bewilligt, welche nicht einmal zur Abzahlung seiner Schulden ganz genügten.

Der vorzügliche ansbacher Gubernator Georg Friedrich hatte indessen durch seine gute Regal- und Domänenwirthschaft sich wieder ergiebige Einnahmequellen zu schaffen gewusst.

---

[1]) Töppen, Der deutsche Ritterorden und die Stände Preussens, in v. Sybels historischer Zeitschrift Bd. 10 1881 S. 431 ff. beschreibt diese Steuern ausführlich.

[2]) Töppen, Zur Geschichte der ständischen Verhältnisse in Preussen, in v. Raumers histor. Taschenbuch 8. Jahrg. 1847 S. 311 ff.

Innerhalb der Stände selbst aber erlangen die Vertreter des Adels die führende Stellung zum grossen Nachtheil der Städte. Alle Steuern, welche schliesslich auf den Landtagen bewilligt werden, sind gegen die Städte gerichtet und auf deren Einkommens- und Vermögensverhältnisse berechnet.

Die Bierziese zunächst, von dem Malz, das in die Mühle gebracht war, erhoben, wurde fast nur von den Städten getragen. Der Bierpfennig ferner, ursprünglich ebenfalls nach dem Malz, später nach dem fertigen Gebräu umgelegt, traf zum grössten Theil, da der Adel für seine Tische Steuerfreiheit genoss, die städtische Bevölkerung. Um die ungleiche Wirkung des Bierpfennigs auf Stadt und Land zu charakterisiren, führten die Vertreter der Städte auf dem Landtage 1580 die Thatsache an, dass im Amte Balga der gesammte Adel nicht volle 15 Mark, die Freien und Bürger 120 Mark, die einzige Stadt Heiligenbeil aber 700 Mark an doppeltem Bierpfennig bis dahin gesteuert haben [1]. Durch Hufen- und Vermögenssteuern weiterhin wollte man zwar ursprünglich Land und Stadt einheitlich und gleichmässig besteuern. Wie der Adel von den Hufen, so hatten die Städte von dem Werthe ihrer „liegenden Gründe“ und zwar von je 100 Mark desselben den gleichen Steuersatz zu entrichten, und die Einwohner, welche keine liegenden Gründe besassen, zahlten von je 100 Mark ihres Vermögens nach eben diesem Steuerfuss. Diese partielle Vermögenssteuer gelang es aber dem Adel meist bei jeder grösseren Steuerforderung in eine allgemeine [2] zu erweitern. Alsdann wurde diese Steuer nicht blos von den Hufen und liegenden Gründen, sondern von allen baaren und ausgeliehenen Kapitalien erhoben. Und damit hatten die Städte, da das mobile Kapital vornehmlich in diesen vorhanden und hier leichter zu konstatiren und zu erfassen war als auf dem platten Lande, den grösseren Theil dieser Steuern zu tragen.

Neben diesen Steuerarten, welche auf den Landtagen immer wiederkehren, kommen noch vereinzelt eine Viehsteuer und Abgaben von den Mühlen, Hämmern, Oefen, Hütten, Wehren, Zapfen und „angemessenen Sachen“ für Fischer, Handwerker, Tagelöhner, Instleute und Hausirer vor.

Diese wenigen Andeutungen mögen hier genügen, um zu zeigen, wie ungleichmässig in dieser Periode die Steuerlast auf Stadt und Land vertheilt war. Es ist hier nicht der Ort zu untersuchen, inwieweit diese Steuerpolitik den damaligen wirthschaftlichen Zuständen entsprach [3].

---

[1] Töppen, Die preussischen Landtage während der Regentschaft des Markgrafen Georg Friedrich von Ansbach, Programm des Gymnas. zu Hohenstein i. Pr. 1866, S. 18.

[2] So z. B. auf den Landtagen 1586, 1602.

[3] Ich werde an einem anderen Ort, bei der Betrachtung der Steuer-

Als Preussen an Kurbrandenburg fiel, erwuchs für die Hohenzollern die schwierige Aufgabe, das Finanzwesen des Herzogthums zu ordnen und den Gesammtbedürfnissen anzupassen.

Der Grosse Kurfürst ging auch hier planmässig zu Werke. Es kam ihm zunächst alles darauf an, die Gesammtsummen, welche seine Politik und sein Militäretat jährlich nothwendig erforderten, von den preussischen Ständen möglichst vollständig bewilligt zu erhalten. Er überliess daher vorerst die Oberaustheilung und die Wahl der Steuern den letzteren vollständig.

Die Politik der Stände aber, d. h. des Adels, der die Oberhand hatte, war darauf gerichtet, diese Lasten durch die vielfachsten Steuern, die nach einzelnen Objekten und nach gleichen, unabgestuften Sätzen umgelegt waren, auf die dichtere Stadt- und Domänenbevölkerung abzuwälzen und die kleinen und ärmeren Bewohner möglichst heranzuziehen.

Eine kurze Uebersicht dieser Steuern möge das veranschaulichen.

Das Kopfgeld, das wenig und ungleichmässig abgestuft war, lastete vornehmlich auf den kleinen Leuten der Stadt- und Domänenbevölkerung. Für den Hufenschoss gab es gar keine Abstufung der Steuersätze: alle Hufen im ganzen Lande waren mit einem gleichen Steuerfuss belegt. Der Horn- und Klauenschoss ward ebenso in der ganzen Provinz nach gleichen Sätzen erhoben, ohne Rücksicht auf die verschiedenartige Beschaffenheit der Weideflächen und die Bonität der Wiesen. Daneben kam das Mastgeld vor, welches vom Fettvieh entrichtet wurde.

Die ländliche Tranksteuer wurde von jedem Scheffel Malz und Branntweinschrot, die in die Mühle gebracht waren, erhoben. Nur gegen Uebergabe des Steuerzeichens durfte der Müller mahlen und nach der Zahl dieser Zettel wurde die Steuer an die Behörde abgeführt.

Neben allen diesen Steuern kommt viele Jahre die für das platte Land drückendste und unpassendste, die Generalakzise vor.

Es ist klar, dass jeder Besitzer, welcher schlechte und wenig ergiebige Aecker besass, infolge der vielen gleichen Steuersätze zu viel, jeder Eigenthümer fruchtbarer Ländereien zu wenig zu zahlen hatte.

Daher entstanden die lautesten Klagen im Lande und wirthschaftlicher Nothstand bei den einzelnen Steuerzahlern. Dieser unerträgliche Steuerdruck wurde überdies durch die häufige

---

entwickelung in den Territorien bis zum Dreissigjährigen Krieg, unter anderem hierüber ausführlich handeln.

Wiederholung derselben Steuern innerhalb eines Jahres für die schwächeren Steuerzahler noch ganz besonders empfindlich.

Noch 1716 suchten die ständischen Vertreter in Berlin die ständischen Schösse unter anderem damit zu vertheidigen, dass sie auf ein Moment aufmerksam machten, welches dieselben mit den indirekten Steuern gemeinsam haben. Bei diesen Schössen hätte der Bauer, wie sie ausführten, den Vortheil, dass, wenn ihm ein Objekt zu Grunde gehe, z. B. ein Stück Vieh fällt, er zugleich dadurch eine Remission erhalte, weil die Steuer damit aufhöre. Genau besehen, sind alle diese ständischen Objektsteuern lediglich indirekte Steuern. Und gerade deshalb, weil sie indirekte Steuern sind, enthalten sie die grosse historische Ungerechtigkeit. Bei den indirekten Steuern, z. B. der Salz-, der Stempelsteuer, sind die Steuerobjekte gleiche wirthschaftliche Grössen, z. B. der Zentner Salz, die Urkunde über 1000 Mark. Bei einer Hufensteuer sind die Hufen nur ihrem Umfange nach gleiche Objekte; ihre ökonomischen Erträge und Werthe aber sind je nach der natürlichen Bodenbeschaffenheit, dem dauernden Wirthschaftsbetrieb, der Lage und Absatzfähigkeit ausserordentlich verschieden.

Daher wurden, als sich die wirthschaftlichen Verhältnisse nach dem Dreissigjährigen Kriege wieder konsolidirten, in allen Territorien, wo es diese ständischen Hufensteuern usw. gab, die Klagen vornehmlich wegen dieser formellen Gleichheit und der wirthschaftlichen Ungleichheit dieser Hufen und der anderen Steuerobjekte laut[1]).

Der Grosse Kurfürst suchte schrittweise diesen Uebel-

[1]) Ich kann auf die steuertechnische Natur aller bisher berührten Steuern hier nicht eingehen und werde es an der oben S. 4 Anm. 3 bemerkten Stelle thun. Ich bemerke hier nur, um Missverständnissen vorzubeugen, dass alle Steuern in zwei Gruppen zerfallen: 1) entweder werden die Objekte, nach welchen die Steuern umgelegt und erhoben werden, nach ihrer Grösse in Geld genau berechnet (katastrirt) oder summarisch festgestellt und Geldquoten derselben als Steuer angenommen; 2) oder es wird absichtlich vermieden und unterlassen, die Objekte, nach welchen diese Steuern umgelegt sind, nach ihrer Grösse in Geld irgendwie genau zu fixiren. Zu diesen letzteren gehören die sogen. indirekten Steuern und in früheren Epochen die meisten Steuern, die man mit den wunderbarsten Namen belegt hat. Ich kann es nicht unterlassen noch hinzuzufügen, dass die Steuerentwickelung naturgemäss mit der vornehmlichen Ausbildung der ad 2) geschilderten Abgaben begonnen hat und dass die weitere Entwickelung des Finanzwesens dahin tendiren wird, an Stelle der unter 2) gehörenden Abgaben immer mehr Steuern einzuführen, deren Objekte man entweder genau oder ungefähr, ausführlich oder summarisch in Geld berechnet oder in Beziehung zu bringen suchen wird zum Vermögen und Einkommen der einzelnen Steuerzahler oder der ganzen Bevölkerungsklassen oder des ganzen Volkes (Inländer, Ausländer). Und das ist meines Erachtens eine der schweren Aufgaben, die Theorie und Praxis annähernd und allmählich zu lösen versuchen wird und muss.

ständen im Steuerwesen entgegenzutreten. Er regelte 1666 die Oberaustheilung der Steuern: $^1/_3$ hatten die Städte (Königsberg $^1/_6$, die anderen Städte ebensoviel), $^2/_3$ hatte das platte Land aufzubringen.

Die Akzise war ein alter modus colligendi in Ostpreussen, ruhte wesentlich auf dem Malze, dem Mehle, dem Fleisch. Die Städte brachten mit derselben in der Regel ihr Kontingent auf. Es folgte nun mehr und mehr ein Druck der Regierung auf die Art der Akzisebesteuerung; so wurden schon 1658 und dann wieder 1677 die Kaufmannswaaren herangezogen; mehrjährige Akzisebewilligungen kommen vor. Die Erhebung dieser Steuer auf dem Lande hörte nach und nach auf. Zum Schlusse der Regierung des Grossen Kurfürsten ist die Akzise eine feste, rein städtische Steuer, welche noch in städtischer Verwaltung steht, aber ihre Rechnungen kurfürstlichen Kommissarien vorlegen muss und sich den brandenburgischen Einrichtungen nähert. Im Jahre 1690 kam die Akzise der kleinen Städte, 1713 die von Königsberg unter direkte staatliche Leitung.

Seit 1671 wollte der Kurfürst die von den Ständen angebotene Generalakzise für das platte Land nicht mehr annehmen, sondern verlangte eine Hufensteuer. Darauf liess er unbewilligte Hufensteuern ausschreiben, wobei er für das wenig fruchtbare Oberland den Steuersatz um ein Drittel ermässigte.

Schon 1664 hatte der Grosse Kurfürst den Plan[1]) gefasst, nachdem er ein Gutachten von den vier Hauptämtern und den Abgeordneten Königsbergs eingefordert, eine dauernde Grundabgabe für das platte Land einzuführen, die nach der Aussaat, dem Viehstand und dem Ertrage abgestuft werden sollte. Er ertheilte diesbezügliche Befehle an den Statthalter und die preussische Regierung. Diese wandte sich an die Stände, und zwar zunächst an das „kleine Konsilium", das vornehmlich aus dem Landadel zusammengesetzt war. Letzteres erklärte die neue Abgabe in Preussen für nicht durchführbar und schlug seinerseits die Besteuerung „der Konsumtibilien" vor. Der Grosse Kurfürst musste deshalb sein Vorhaben aufgeben.

Im Jahre 1684 hatte der Kurfürst von neuem versucht eine verbesserte Grundsteuer für das platte Land einzuführen und eine Kommission bereits eingesetzt, welche die Privilegien, die Hufenzahl und die Bonität der Aecker untersuchen sollte. Die Stände protestirten energisch dagegen. Gegen die Kommission selbst machten sie geltend, dass dieselbe aus Bürgerlichen bestände und ihre Instruktion ohne Zuziehung der Stände abgefasst wäre. Auch dieser Plan musste schliess-

[1]) Baczko a. a. O. Bd. 5 S. 364 ff.

lich aufgegeben und vertagt und die Kommission aufgelöst werden.

Mehr konnte der Grosse Kurfürst gegenüber den Ständen nicht erreichen. So dauerten diese ungerechten Zustände fort, deren schliessliche Wirkungen auf die Bauern und kleinen Leute Baczko in den grellsten Farben schildert.

Nach dem Tode des Grossen Kurfürsten erfolgte bis zum Regierungsantritt Friedrich Wilhelms I. keine Aenderung dieser Verhältnisse. Als dieser Monarch den Thron bestieg, hatte bereits auch ein Theil des Adels, der arme und weniger bemittelte, unter diesen Steuerverhältnissen sehr zu leiden. Nur noch die reichen und zu der herrschenden Adelsclique gehörenden blieben davon unberührt oder zogen sogar Vortheile daraus.

§ 2. Waldburgs Steuerreform. Tendenzen derselben.

Friedrich Wilhelm I. erhielt bei seiner Anwesenheit in Königsberg (1714) persönlich einigen Einblick in die verwahrlosten Zustände der Finanz- und inneren Verwaltung; die traurige Lage des Landes machte auf ihn den tiefsten Eindruck.

Einer der Führer der Opposition unter dem Adel, der kühne, hochbegabte Karl Heinrich Graf Truchsess zu Waldburg[1]), hatte insbesondere dem Könige in einer Audienz Eröffnungen über die schlimmsten Seiten des Finanzwesens und der Verwaltung gemacht. Friedrich Wilhelm I. forderte den Grafen auf, darüber eine Denkschrift nach Berlin zu senden. Waldburg reichte dieselbe bereits im Oktober dieses Jahres ein.

Mit rücksichtsloser Offenheit und in vollem Umfang schildert Waldburg in derselben die praktischen Konsequenzen des ständischen Finanzwesens, unter welchen das Land seufzte.

Infolge der vielen ländlichen Steuern hätten sich eigenthümliche agrarische Zustände herausgebildet.

Der Adel hielte wegen des drückenden Horn- und Klauenschosses möglichst wenig Vieh, wobei er in kurzsichtiger Weise oft die eigene Wirthschaft vernachlässigte und die Vortheile der Viehzucht aus dem Auge liesse. Dagegen wurden die Frohnen der Bauern bis aufs äusserste angespannt, so dass viele Adelige gar kein Vieh auf ihren Vorwerken hielten und alles von den Dienst- und Scharwerksbauern bestellen liessen. Der Bauer hätte nur so viel Pferde und Zugvieh, als er für

---

[1]) Ueber Waldburgs Persönlichkeit, seine Wirksamkeit auf dem Gebiete der inneren Politik siehe Schmoller, Die Verwaltung Ostpreussens unter Friedrich Wilhelm I. in v. Sybels historischer Zeitschrift Bd. 30 1873 S. 50—69.

seine Frohndienste brauchte, und schädigte noch mehr als der Adel seine eigene Ackerwirthschaft. Ebenso würden wegen der Kopfsteuern beim Adel wie bei den Bauern möglichst wenig Personen, Gesinde, Tagelöhner gehalten, weniger als es für die Landwirthschaft zuträglich wäre.

Noch mehr als diese ständischen Steuern hätten, wie Waldburg richtig weiter ausführt, die Missstände der ständischen Steuerverwaltung und -erhebung unerhörte und unerträgliche Zustände hervorgerufen und den moralischen Sinn des Volkes zerstört. Defraudationen, Bestechungen, Konnivenz und der überall vorkommende casus pro amico brächten es dahin, dass die Steuerlast in vollem Umfange nur noch von den Armen, Ehrlichen und denjenigen, welche ausserhalb der herrschenden Adelskoterie und deren Anhang ständen, getragen würde und hart drückte. Je reicher, einflussreicher einer sei, je enger er zu der herrschenden Adelsclique gehöre, desto weniger zahle er von der de jure auf ihn fallenden Steuersumme. Durch Autorität, Aemter, Geschenke, Bestechungen der Schosseinnehmer, Verschweigen der wahren Hufenzahl brächte man es so weit, dass die Besitzer von 40 Hufen durchschnittlich nicht mehr Steuern zahlten, als diejenigen, welche zehn besitzen.

Bei den jährlichen statistischen Erhebungen, den sogen. Konsignationen, die bei dem Kopf- und Hornschoss vorgenommen wurden, hätten grosse Defraudationen und Umtriebe stattgefunden. In vielen Aemtern hätten die Schosseinnehmer je nach der Höhe der Geschenke die Anzahl der Menschen und die Grösse der einzelnen Viehgattungen bei diesen amtlichen Erhebungen bestimmt. Die Vorschrift, die Aussagen mit einem formellen Eid zu bekräftigen, veranlasste unzählige Meineide.

Um dem drückenden Kopfschoss zu entgehen, halte der Bauer seine Kinder von der Kirche fern, oder lasse er sie bei den Papisten in Polen taufen.

Die Umtriebe, welche bei der Tranksteuer und dem Mastgeld vorgekommen sind, mögen hier unberührt bleiben.

Die ganze ständische Verwaltung, die Kastenherren, die Kastenschreiber, die Amtshauptleute und adeligen Beisitzer sowie die Schosseinnehmer waren mehr oder weniger bei diesen Defraudationen direkt oder indirekt betheiligt.

Ausser diesen Missständen sollen, wie Waldburg bemerkt, noch so vielfache Ränke vorgekommen sein, dass sie kein Mensch trotz aller Bemühungen ergründen könnte.

Die Macht der Schosseinnehmer, welche das Recht die Exekution zu verhängen hatten, wurde von den Bauern so gefürchtet, dass die königlichen Dörfer denselben, um blos deren Gunst zu erhalten, gewisse Fuhren Holz und bestimmte Getreidelieferungen wie eine Pflicht freiwillig leisteten. Oft hätten die Schosseinnehmer den augenblicklich unvermögenden Steuerzahlern die Steuersummen vorgestreckt, um sie vor der gefürchteten Exekution zu bewahren, und dafür vielfache Geschenke, Viktualien, Holz usw., abgesehen von hohen Wucherzinsen, erhalten.

Die Folgen dieser Steuerverhältnisse waren schliesslich schlimmster Art. Der Gegensatz zwischen den armen Adeligen und Kölmern und dem reichen Adel wurde sukzessiv ein immer grösserer. Nicht weniger als 40 arme adelige Gutsbesitzer wurden seit 1690 bis 1714 von den reichen ausgekauft. Die Bauern verliessen oft ihre Immobilien und begaben sich nach Polen, um diesem unerträglichen Steuerdruck zu entgehen, und seitens der kleinen Leute, Dienstboten, Inst- und Miethleute fand eine fast kontinuirliche Auswanderung und Flucht nach Polen statt.

Um alle diese unerträglichen Zustände gänzlich zu beseitigen, schlägt nun Waldburg dem Könige verschiedene fruchtbare Reformpläne vor, vor allem ein interessantes und fein durchdachtes Steuerprojekt, welches von wirthschaftlichen Gesichtspunkten getragen, den Zuständen des Landes streng angepasst war. Drei Jahre lang hatte derselbe sich mit diesem Plane beschäftigt, Reisen unternommen, Material gesammelt, als er im Sommer 1714 es einreichte.

Gegenüber den vielen ständischen Steuern verlangt Waldburg, indem er in dieser Beziehung dem Plane des Grossen Kurfürsten folgte, eine einzige Grundsteuer, den Generalhufenschoss, welche nach der Bonität der Aecker und dem aus den landwirthschaftlichen Nebengewerben, Brauereien, Brennereien, Mühlen usw. zufliessenden Reinertrag auf das platte Land mit Ausschluss der Städte umgelegt werden sollte.

In sozialpolitischer Beziehung will Graf Waldburg hiedurch den armen Adeligen, Kölmer und Bauer entlasten und die reichen entsprechend belasten. Nicht den Gegensatz zwischen Adel und Bauer zu mildern, sondern den zwischen reich und arm möglichst auszugleichen, war seine Haupttendenz. Um einen gerechten und namentlich seitens der Stände unangreifbaren Steuermassstab zu haben, betont derselbe stets das Prinzip der Bonität und das landwirthschaftliche Gesammteinkommen als Steuerobjekt.

Erst diese Steuer, wie jede Grundsteuer, welche nach der Bonität der Aecker umgelegt wird, trifft die Ricardosche Grundrente, während die bisherige Steuer sie vollständig frei liess. Mit dem Prinzip der Bonität als Steuermassstab wird aber das landwirthschaftliche Einkommen noch nicht allseitig von der Steuer erfasst. Erst durch die Berücksichtigung der gesammten Nebeneinkünfte aus Brauereien, Brennereien, aus der Pferdezucht, aus Krügen, Mühlen usw. wird dasselbe ganz getroffen.

Graf Waldburg wollte daher das gesammte Einkommen der Landbevölkerung zum Steuerobjekt machen und danach die Steuersätze abstufen.

Durch eine gerechte, gleichmässige, nach dem wirklichen Einkommen der Einzelnen abgestufte Grundsteuer hoffte derselbe den Wohlstand des Landes wieder zu heben, die Population zu befördern, die Auswanderung zu hindern und die Einwanderung zu begünstigen. Daher sollten neben dem Generalhufenschoss die kleinen Leute, Dienstboten, Inst- und Miethleute, Handwerker, Fischer, Müller nur mit so mässigen Sätzen des bisherigen Kopf- und Hornschosses belegt werden, dass sie in ihrer wirthschaftlichen Existenz nicht gestört, vielmehr „encouragirt“ würden.

In agrarpolitischer Hinsicht beabsichtigte Graf Waldburg die Landwirthschaft, insbesondere die Bauern freier zu machen und zu erleichtern. Jeder sollte so viel Vieh und ferner so viel Gesinde halten, als er wollte, ohne durch die Plackereien der jährlichen Anmeldungen und Kontrollen belästigt zu werden.

Bereits im Winter 1714 wurde Waldburg, dessen Denkschrift einen sehr günstigen Eindruck auf den König und die Minister geübt hatte, nach Berlin berufen. Unter dem Vorsitz des Monarchen fanden Konferenzen über dieses Projekt statt, in welchen alle Punkte in Bezug auf die praktische Durchführung genau geprüft und fast alle Vorschläge angenommen wurden.

Im Sommer des künftigen Jahres kehrte Waldburg, vom Könige zum Präsidenten des Kriegskommissariats ernannt[1]), nach Königsberg zurück und begann Anfang August im Amte Brandenburg den Generalhufenschoss einzuführen[2]). Bereits im September hatte derselbe mit grösster Geschicklichkeit seine Aufgabe hier gelöst.

Indess erfolgten bald zahlreiche Reklamationen, Beschwerdeschriften und Proteste seitens der ständischen Regierung an den König. Die ostpreussischen Minister sowie die Stände wollten hiedurch das begonnene Reformwerk zu Falle bringen und im Keime ersticken. Der König beschied daher im Februar des folgenden Jahres den Grafen Waldburg und vier Vertreter der Stände nach Berlin. Vielfache Verhandlungen, Sitzungen im Geheimen Rath fanden statt; zahl-

---

[1]) Der König fügt im Vertrauen auf Waldburgs Persönlichkeit zu dieser Ernennung die herzlichen Worte hinzu: „sollen Ihm sagen, so die Sache reüssiret, das der Bauer bestehet nit zu Grunde gehen, werde wie ein Vater vor Ihm und seine Familie sorgen“.

[2]) Schmoller a. a. O. S. 53 ff.

reiche Schriftstücke wurden gewechselt, manche Intrigen und Ränke gesponnen. Waldburgs Reform war in Frage gestellt. Selbst einzelne der berliner Minister, wie Kreuz, wurden schwankend.

Interessant und charakteristisch ist es aber für die Persönlichkeit Friedrich Wilhelms I., dass dieser hiedurch unbeirrt, objektiv wie ein Richter, der im Prozess die Beweislast vertheilt, darauf reskribirt: „Trux[1]) soll beweisen oder die Preussen sollen beweisen, das es nit wahr ist, oder das wahr ist, das die Bauern werden durch den neuen modum ruiniret“.

Es war vorauszusehen, wer bei diesem Beweisbeschluss obsiegen werde. Der König befiehlt nun, die Hufenkommission soll ihren Fortgang nehmen, der Amtshauptmann und der adelige Deputirte aber als Vertreter der Stände in jedem Amt zugezogen werden. „Woferne aber das die preussischen Deputirten sehr lamentiren sollten“, müssten sie für eine jährliche Summe von 232 000 Thlr. (12 000 Thlr. Einquartirungsgelder) und die Betheiligung des Adels an den Remissionskosten wegen Hagelschaden usw. gut sagen. In diesem Falle wollte der Monarch sogar auf die weitere Durchführung dieser Steuer verzichten.

Die ständischen Vertreter, welche nicht allein Waldburgs Reform zu Falle bringen wollten, sondern auch für die Neubefestigung der ständischen Macht zu kämpfen schienen, gingen, da sie den König auf dem Rückzug begriffen glaubten, auf diesen Vorschlag nicht ein, verlangten vielmehr die Angelegenheit auf einem preussischen Landtage zu entscheiden. Da riss Friedrich Wilhelm I. die Geduld. Er brach die Verhandlungen ab und schrieb die bekannten Worte: „Die Hubencommission soll seinen Fortgang haben ich komme zu meinem Zweck und stabilire die souverainetet und setze die Krone fest wie Rocher von Bronce und lasse die Herrn Junker den Wind vom Landtag.“ Um aber die vier Vertreter der preussischen Stände zum Schweigen zu bringen, hatte der König endlich zu dem für sie passenden Mittel gegriffen. Indem er ihnen nochmals die beruhigende Erklärung abgab, dass er diese Steuer nicht einführen werde, wofern sie ein Ruin des Adels sein sollte, und dass der letztere immer in gerechtsamen Sachen einen Rekurs an ihn finden sollte, befiehlt er, dass sie an Diäten 5500 Reichsthaler „vor ihre Mühe, das sie zu Hause was versäumt haben“, bei ihrer Abreise nach Ostpreussen erhalten. Dieses Mittel verfehlte seinen Zweck nicht. Die preussischen Vertreter bedankten sich für die grosse

---

[1]) Graf Truchsess zu Waldburg.

Generosität des so sparsamen Königs und verhielten sich im übrigen ruhig.

Im Juli setzte Waldburg sein Werk in den Aemtern Tilsit, Lyck und Osterode fort. Aber im nächsten Winter versuchte der Feldmarschall Graf Dohna, welcher an der Spitze der ständischen Regierung in Königsberg stand, noch einmal die Reform zu hemmen, indem er im Anschlusse an die Reklamationsklagen einen von Uebertreibungen strotzenden französischen Bericht an den König einschickte und den Ruin des Adels und des ganzen Landes als Folge dieser Steuer prophezeite. Charakteristisch ist die viel zitirte Marginalbemerkung des Königs hiezu: „Curios, tout le pays cera Ruiné, Nihil Kredo, aber das Kredo, das der Junkers Ihre ottoritet Niposvollam wird ruiniret werden, trux soll seine Verantwortung einschicken. Die Stände sollen steuern, da bleibe ich biss an mein sehlich ende."

Im folgenden Sommer wurde die Steuer im Oberland und 1718 und 1719 in Samland und Natangen eingeführt, wo sie in dem Amte Memel im Oktober zum Abschluss gebracht ist[1]).

Die Steuer umfasste also folgende Aemter: 1715: Brandenburg; 1716: Tilsit, Osterode, Lyck; 1717: Liebstadt, Mohrungen, Preuss. Holland, Preuss. Mark, Riesenburg, Marienwerder, Schönberg, Deutsch Eylau, Hohenstein, Gilgenburg, Soldau, Neidenburg, Ortelsburg; 1718: Fischhausen, Balga, Neuhausen, Schaaken, Labiau, Bartenstein, Rastenburg, Rhein, Johannisburg, Sehestan, Preuss. Eylau, Tapiau; 1719: Ragnit, Oletzko, Lötzen, Angerburg, Bahrten, Gerdauen, Nordenburg, Insterburg, Neuhoff, Tapplacken, Saulau und Memel. Sie erstreckte sich also auf die heutige Provinz Ostpreussen ohne Ermeland und einen Theil von Westpreussen.

§ 3. Verfahren der Hufenkommission[2]). Die geometrische Vermessung der Aecker.

Seit 1717 bestand die Hufenkommission aus dem Präsidenten Grafen Waldburg, drei Direktoren und fünf Spezial-

---

[1]) Aus dem Jahre 1717 fehlen die Ministerialakten zum grössten Theil. Sie scheinen theils verloren gegangen, theils unterschlagen zu sein. Nach einem Fragment eines Auszuges aus Waldburgs Berichten scheinen in diesem Jahre, wo die Güter der Opposition klassifizirt wurden, Intrigen und Dinge passirt zu sein, welche die Stellung Waldburgs eine Zeit lang erschütterten. Noch im Jahre 1718 durften die Arbeiten erst nach Ankunft des Königs in Königsberg im Juni aufgenommen werden. Im September 1717 schrieb Waldburg dem Könige: „Mit mir aber geht es sehr schlecht, ein jeder scheut mich; ich diene Ew. Königl. Majestät mit Furcht und Zittern, fast auf niemand kann ich mich verlassen, muss also das so passiret, mit Gefahr, Mühe und Geld entdecken."

[2]) Die folgende Darstellung stützt sich lediglich auf die noch allein vorhandenen Generalhufenschoss-Akten des königl. Ministerialarchivs,

kommissionen, von denen jede fünf Mitglieder zählte. Je zwei Spezialkommissionen wurden einem Direktor unterstellt, dem dritten nur eine. Jedem Direktor ward ein Amt zugewiesen, welches in zwei gleiche Klassifikationsdistrikte eingetheilt und an die beiden Spezialkommissionen vertheilt wurde. In zwei Instruktionen, welche nur eine Ergänzung zu dem Steuerprojekt Waldburgs bilden, waren die wesentlichsten Vorschriften über die Thätigkeit der Kommission entwickelt. Dieselbe hatte in jedem Amte vier Stadien zu durchlaufen. Sie erstreckte sich auf a) die Lokalbesichtigung, b) die Vernehmung der Eigenthümer über gewisse in der Instruktion formulirte Fragen und Anfertigung der sogen. Ertragsanschläge, c) die öffentliche Klassifikation, d) die sogen. Taxation, d. h. Fixirung der Steuersätze pro Hufe für alle Anwesen nach der festgestellten Klassifikation.

Bevor die Kommission in einem Amte ihre Arbeit begann, wurde dem ständischen Amtshauptmann der königliche Befehl zur Publikation zugesandt, in welchem allen Eigenthümern, Vasallen und Einsassen bei 100 Dukaten Strafe anbefohlen war, ihre Privilegien, Kaufkontrakte, Abrisse, Wirthschaftsregister usw. der Kommission zu produziren. Alle Grundeigenthümer mussten ferner zur Zeit der Anwesenheit der Kommission im Amte an Ort und Stelle sein oder einen Mandatar zurücklassen. Sobald die Kommission in ein Amt kam, mussten die Grenzen der Güter und Dörfer sichtbar abgesteckt werden. Endlich waren die Einzelnen aufgefordert, bei den Vernehmungen über die ihnen vorgelegten Fragen, die Aussaat, den Ernteertrag, die Pertinenzen usw. wahrheitsgemäss auszusagen, widrigenfalls sie sich selbst indirekt bei Remissionen schaden würden. Seit 1718 hat Graf Waldburg auch einen fakultativen Eid eingeführt, welchen er von denjenigen ablegen liess, deren Aussagen zweifelhaft schienen.

Die Arbeit der Spezialkommissionen war streng geregelt. Drei Mitglieder derselben, von denen wenigstens eines ein tüchtiger Oekonom sein musste, hatten die Inaugenscheinnahme des Grund und Bodens, der Kulturarten (Aecker, Wiesen, Wälder), der Gebäude, der Pertinenzen, Brauereien, Mühlen usw. vorzunehmen. Für diese Lokaluntersuchung waren bestimmte Regeln vorgeschrieben. Die Kommissare sollten bei der Inaugenscheinnahme beständig zusammenbleiben. Sie hatten jedes Gut oder Dorf den Grenzen entlang zu umreiten

---

welche im Geh. Staatsarchiv zu Berlin aufbewahrt werden. — Schimmelfennig, Die Grundsteuerverfassungen in den preussischen Staaten, in historisch-pragmatischer Darstellung usw., 3. Aufl. Berlin 1859, S. 273 bis 316, theilt nur mehrere unwesentliche Urkunden über den Generalhufenschoss mit, vermengt mit einigen richtigen und falschen Notizen, die er grösstentheils älteren Kameralisten entnommen hat und ohne Kritik und Zusammenhang hinstellt.

und dann die einzelnen Felder der Länge und Breite nach zu durchreiten, und zwar jedes Feld einzeln, um desto besser die Bonität der Aecker feststellen zu können. Die Eigenthümer oder deren Vertreter wohnten diesem Akt bei. Später wurden auch die Schulzen, einzelne Landgeschworene usw. als Vertreter der Bevölkerung zugezogen. Die Ergebnisse dieser Spezialuntersuchung hatte die Kommission täglich in einem Protokoll für jedes Anwesen niederzulegen und darin insbesondere die Bodenbeschaffenheit, Lage, Grösse der Aecker, Wiesen, Wälder, Gebäude, der Pertinenzen zu fixiren. Gleichzeitig wurden die besehenen Anwesen, Güter und Dörfer täglich von neuem mit einander verglichen, die Bonität und die Hauptverschiedenheiten der Produktionsfähigkeit derselben festgestellt und Mustergrundstücke (Typen) dafür angegeben, damit man am Schluss zu einer endgiltigen, „unangreifbaren“ Klassifikation derselben gelangen könnte.

Die beiden anderen Mitglieder jeder Spezialkommission haben während dieser Lokalbesichtigung die von den Eigenthümern produzirten Privilegien, Abrisse, Kaufkontrakte, Pachtverträge untersucht, dieselben mit den Originalurkunden des Handvestenbuches des Amtes usw. verglichen und Abschriften angefertigt. Um die rechtliche Qualität jedes Anwesens und die Grösse der Hufenzahl festzustellen, wurden noch die Amts- und Steuerregister durchgesehen.

Getrennt von diesen beiden Spezialkommissionen nahm der Direktor, welcher sich ein generelles Urtheil über die Bodenbeschaffenheit usw. der Güter und Dörfer des ganzen Amtes bilden sollte, zusammen mit dem ständischen Amtshauptmann, dem adeligen Deputirten und dem Kammerrath, als Vertreter der Domänen, eine Generalbesichtigung des ganzen Amtes vor. Später wurden noch zwei adelige Deputirte, der Amtsschreiber, mehrere Landgeschworene usw. zu diesem Akt zugezogen.

Um die Grösse der einzelnen Kulturarten und Ackerparzellen genau zu fixiren, war eine geometrische Vermessung des Landes in Aussicht genommen.

Es fand aber nur eine partielle Vermessung des Grund und Bodens bei dieser Steuerreform statt. Gegen eine allgemeine war Graf Waldburg von Anfang an aus Gründen der Politik. Er befürchtete nicht mit Unrecht, falls eine vollständige Vermessung des Landes stattfinden sollte, einen solchen Sturm des Unwillens seitens der Stände, dass sein ganzes Steuerprojekt scheitern könnte. Der Adel hatte sich schon früher, sobald dieser Gedanke nur auftauchte, ganz entrüstet dagegen gesträubt, und zwar aus bestimmten materiellen Gründen.

In keinem anderen Territorium hatte derselbe mehr Gelegenheit als hier gehabt, während der langen schwachen Regierung und der faktischen Herrschaft der Stände, theils einzelne bäuerliche Domänenhufen, theils ganze Domänengüter, welche die Regierung verschenkt oder auf Grund eines Pfand- oder unvollständigen Titels verschleudert hatte, sich anzueignen. Eine genaue geometrische Vermessung des Landes hätte diese Domänenbestandtheile unbarmherzig ans Tageslicht gebracht und wieder entdeckt. Die ständische Anschauung, dass der Adel dem Könige nicht verpflichtet sei, der Steuern wegen irgend welche Auskunft über seine Vermögensverhältnisse zu ertheilen, war noch so allgemein verbreitet, dass Waldburg selbst in seinem Projekt schreibt, man könne vom Adel nicht verlangen, dass er die Aussaat, Ernteergebnisse usw. angebe, sondern müsse es auf indirektem Wege durch Ausforschen der Säeleute und Bauern zu erfahren suchen, weil daraus zu gefährliche Folgen entspringen könnten.

Uebrigens darf man sich darüber nicht so sehr wundern, wenn man erwägt, dass noch heute die öffentliche Meinung gegen jedes tiefere Eindringen in die persönlichen Vermögensverhältnisse aus Steuerrücksichten eingenommen ist, wie man es aus den Steuerberathungen der Parlamente fast täglich ersehen kann.

Graf Waldburg hatte indess durch haarscharfe Untersuchung der Privilegien und eine partielle Vermessung der Aecker, welche in allen zweifelhaften Fällen angeordnet wurde, auch in dieser Beziehung seinen Zweck dem Adel gegenüber erreicht und ein glänzenderes Resultat erzielt als zu erwarten war.

Die Hufenzahl wurde bei jedem Anwesen aus den produzirten Privilegien, Abrissen, Kaufkontrakten, Steuer- und Amtsregistern, Handvestenbüchern der Aemter usw. festgestellt.

Waren in einem Privileg oder Kaufkontrakt mehr Hufen als in dem Steuerregister angegeben, so ward die in den Privilegien angegebene Hufenzahl von der Kommission angenommen. Wenn dieselbe aus den Privilegien oder Kaufkontrakten nicht zu ersehen war, so wurde diejenige angenommen, welche in den Amts- und Steuerregistern verzeichnet stand, oder es wurde eine Vermessung angeordnet. Stimmten die Amts- und Steuerregister nicht überein, so wurde ebenfalls eine Vermessung vorgenommen.

Diese Vermessungen geschahen anfangs nur auf Kosten der Eigenthümer dieser Grundstücke. Waldburg ging hier noch — der damaligen Verwaltungspraxis entsprechend — vom privatrechtlichen Gesichtspunkt aus. Uebrigens hatte dieses Verfahren den praktischen Erfolg, dass der widerspenstige Theil des Adels dadurch abgeschreckt wurde, die Hufenzahl oder die Privilegien zu verschweigen oder nur theilweise anzuzeigen.

Seit 1721 geschahen die Vermessungen, welche während der Durchführung dieser Reform ausgesetzt waren, nach einem Befehl des Königs auf Staatskosten.

Im ganzen wurde etwa der sechste Theil der Provinz, sechs Aemter vollständig und in den übrigen etwa 70 Güter und Dörfer vermessen.

Hervorzuheben ist dabei noch, dass in keinem anderen Territorium die Besitzverhältnisse, mit Ausnahme der Domänen, geordneter, fester und genauer abgegrenzt waren als in Ostpreussen. Der deutsche Ritterorden hatte hier in mönchisch-militärischer Weise alle Erfahrungen[1]) und Resultate der Kultur des Westens, dessen Recht und Verfassung auf einmal übertragen. Noch im 16. Jahrhundert wurden herrenlose Ländereien gegen Privilegien ausgethan.

§ 4. Die Ertragsanschläge.

Sobald die Inaugenscheinnahme des ganzen Amtes vollendet war, hatte jede Spezialkommission unter Vorsitz des Direktors in Gegenwart des Amtshauptmanns und des adeligen Deputirten alle Eigenthümer ihres Distrikts an dem Zentralpunkt des Amtes zu vernehmen.

Es wurden jedem der einzelnen Besitzer zunächst die Protokolle über sein Anwesen vorgelesen, etwaiger Irrthum und Widerspruch beseitigt oder ein Einwand desselben vermerkt. Darauf wurden den Eigenthümern die in der Instruktion formulirten Fragen über die Grösse, Aussaat, den Ernteertrag, die Zahl der zur Ackerbestellung nöthigen Pferde und Ochsen vorgelegt und ihre Antworten zu Protokoll genommen. Dieses letztere wurde von jedem Besitzer, dem Amtshauptmann und dem adeligen Deputirten unterschrieben.

Nur bei den Domänenbauern waren diese Vernehmungen gleich bei der Lokalbesichtigung in Gegenwart des Kammerrathes vorgenommen worden.

Sobald dieser Akt beendet war, fertigte die Kommission auf Grund ihrer Protokolle, dieser Aussagen und des von ihr selbst beigebrachten Materials für jedes Anwesen den sogen. Ertragsanschlag an. Um dabei möglichst vollständiges Material zu erhalten, hatte dieselbe verschiedene Wege eingeschlagen. Es wurden unter anderem die Säeleute, Bauern usw. ausgeforscht, ja in wichtigen Fällen hatte Waldburg sich sogar durch Trinkgelder und Bestechungen Material zu verschaffen gesucht, um gegenüber dem Adel Beweismittel zu haben und das staatliche Interesse überall wahrnehmen zu können.

---

[1]) Schmoller, Epochen der preuss. Finanzpolitik, im Jahrbuch für Gesetzgebung usw. im Deutschen Reiche 1877 S. 43.

Diese Ertragsanschläge wurden nach den heute sogen. Prinzipien der Reinertrags- und Gutskataster angefertigt. Es wurden nämlich dabei alle Naturalbruttoerträge eines Besitzthums zusammengestellt.

Dieser gesammte Rohertrag ward sodann in einen Geldbetrag umgewandelt und hierauf wurden die Kulturkosten, d. h. die Ausgaben nach der üblichen Wirthschaftsart, in Abzug gebracht. Den Rest nahm man dann als den steuerpflichtigen Reinertrag an.

Auf Grund des so ausgemittelten Nettoertrages wurde schliesslich eine „Balance" für jeden Besitzer formirt, indem man jenen Betrag zu 5 Prozent und zu 6 Prozent kapitalisirte. Diese durch die Hufenzahl dividirten Kapitalsummen wurden als die ungefähren Werthe einer Hufe angesehen.

Bei der Ermittelung des Naturalbruttoertrages sah die Kommission zunächst auf die Situation jedes Dorfes oder Vorwerks, ob dieselben in der Nähe einer Stadt gelegen waren oder nicht, ferner auf die Entfernung von Königsberg, Polen usw., also gerade auf die Momente, welche die v. Thünensche Grundrententheorie berücksichtigt. Alsdann wurde der im Verhältnis zur Aussaat festgestellte Ernteertrag jedes Besitzers an Weizen, Roggen, Hafer, Gerste, Erbsen und Lein fixirt und nach den Durchschnittspreisen der Kammertaxe in Geld berechnet.

In ähnlicher Weise wurde der Ertrag der anderen Kulturarten, der Wiesen, Weiden, Obst-, Küchen- und Hopfengärten ausgemittelt.

Von diesem gesammten Geldbruttoertrag wurden nun die Wirthschaftskosten in folgendem Umfange in Abzug gebracht:

1) das Saatkorn, 2 Scheffel auf den Morgen;
2) die Geld- und Naturallöhne der Dienstboten, Hirten, Jungen, der Gärtner, des Hofmanns;
3) die Unterhaltungskosten für diese Personen. Dieselben wurden in der Weise berechnet, dass der zum Unterhalt nöthige Aufwand, die Anzahl der Scheffel an Roggen, Erbsen, Gerste und Hafer in natura ermittelt, das Salz und das Tafelbier in Geld festgestellt und abgezogen wurden. Der Fleischkonsum wurde insofern berücksichtigt, als das Mastgetreide für die Schweine und der Werth einer halben oder ganzen Kuh gerechnet wurden.

Die Ausgaben für den Bedarf des herrschaftlichen Hauswesens und ebenso die Schulden liess man grundsätzlich ausser Acht.

Für die Unterhaltungskosten der Gebäude und des lebenden und todten Inventars wurden endlich überall einheitliche

Amortisationsquoten, z. B. 75, 50, 25 Thaler, von dem Bruttoertrage abgeschlagen. Dieser letzte Punkt ist um so bemerkenswerther, als in der Theorie die Zinsen des Inventarienkapitals erst von Thaer, die Zinsen des Gebäudekapitals erst seit v. Flotow in die Wirthschafts- und Produktionskosten mit einbegriffen werden. Noch bei der preussischen Grundsteuerregulirung im Jahre 1861 waren anfangs die Zinsen des Gebäude- und Inventarienkapitals nicht berücksichtigt, und erst als bei der Durchführung dieser Steuer überall die Klagen darüber laut wurden, entschloss sich die Zentralkommission nach langen Verhandlungen auch diese Zinsen zu den Produktionskosten zu rechnen[1]).

Neben diesem solcherart ermittelten Reinertrag aus dem Grund und Boden wurden ferner theils die durchschnittlichen Nettoerträge, theils die individuellen Einkünfte, welche die Kommission ad hoc konstatirte, aus allen anderen Einnahmequellen des platten Landes berechnet. Dabei wurden zuvörderst die jährlichen Einkünfte aus der Viehzucht (Mastochsen, Kälber, Schweine) und dem Federvieh, ferner aus der Milchwirthschaft und der Pferdezucht festgestellt. Auch die Erträge aus den landwirthschaftlichen Nebengewerben, den Brauereien[2]), Branntweinbrennereien, den Dorfkrügen, den Walk-. Schneide-, Wasser- und Windmühlen wurden in ähnlicher Weise fixirt. Ferner war der Gewinn aus der Fischzucht, der wilden Fischerei, der Karpfenzucht, den Aalkästen usw. in Rechnung gezogen.

Den jährlichen Ertrag der Wälder suchte man nur ungefähr nach dem jährlich zu zahlenden Zins, dem eigenen Bedarf, der Holzart und der Absatzfähigkeit zu ermitteln. Es wurde dabei auch der Gewinn aus der Eichelmast, der Bienenzucht, der Fabrikation von Theer, von Blau- und Pottasche nicht ausser Acht gelassen. Endlich wurden auch die Kalk- und Thonöfen, die Papiermühlen, Glashütten usw. bei dieser Steuer mit in Anschlag gebracht.

Wie jeder Ertragsanschlag so enthielten auch diese bestimmte Fehlerquellen. Das war dem genialen Grafen Waldburg nicht unbekannt. Er hat daher dieselben nicht als direkte Steuerquelle annehmen und bestimmte Prozente davon als Steuer fixiren wollen. Vor allem erkannte er in seinen Berichten an den König an, dass die Kommission bisweilen nur unvollständige Nachrichten für die Anschläge erlange. Er

---

[1]) Dr. Engel in der Zeitschrift des preuss. statistischen Büreaus Jahrg. 1867 S. 117 ff.

[2]) Die Feststellung der Reinerträge und der Betriebskosten bei diesen Gewerben war, wenn man aus den wenigen Andeutungen schliessen darf, im einzelnen höchst exakt und den damaligen wirthschaftlichen Zuständen ziemlich angemessen. Da aber die Klassifikationsakten nicht mehr vorhanden sind, so ist das Detail hierüber unbekannt.

wollte deshalb die Ertragsanschläge eigentlich nur als Beweismaterial bei den Reklamationen und persönlichen Verdächtigungen benutzen. Ferner dienten dieselben als Basis für die öffentlichen Klassifikationen (vgl. § 5).

Es ist aber noch eine mehr versteckte Fehlerquelle der gewöhnlichen Ertragsanschläge hier hervorzuheben, welche Waldburg genau zu kennen schien und zu beseitigen oder zu mindern suchte. Wenn nämlich die Kommission bei der Lokalbesichtigung und bei ihrer Beschreibung nur gewissermassen deskriptiv verfährt und bei den Produktionskosten nur diejenige Anzahl des Gesindes, der Tagelöhner und die Grösse des lebenden Inventars (Pferde, Zugthiere) zu Protokoll bringt, welche sie ad hoc in einem landwirthschaftlichen Betriebe vorfindet, so kann sie oft einen zu kleinen oder zu grossen Nettoertrag ermitteln.

Werden auf einem Grundstück zu viel Gesinde (Diener) oder z. B. mehr Pferde (Luxuspferde) gehalten als zum Ackerbau nöthig, dann werden die Ausgaben grösser und der Nettoertrag geringer als bei einem normalen Wirthschaftsbetrieb sein. Sind umgekehrt zu wenig Arbeiter, ein zu geringes Inventar auf einem Anwesen vorhanden, weil der Eigenthümer kein genügendes Betriebskapital hat oder ein „liederlicher Wirth“ ist, dann erscheinen die Ausgaben zu klein und der Ertragsgewinn zu hoch gegriffen.

Daher machte Waldburg die Kommission auf ein kritisches Verhalten aufmerksam. Sie sollten überall darauf sehen und im Protokoll vermerken, ob auf einem Grundstück zu viel Dienstboten, Diener, Luxuspferde, Wagen usw. gehalten werden, ob der Eigenthümer ein schlechter Wirth oder arm ist und zu wenig Angespann und Inventar hat, ob das Land endlich meliorirt, oder ein Theil des Waldes gerodet werden kann. In allen diesen Fällen sollten sie einen Reinertrag angeben, den das Anwesen in besseren Verhältnissen liefern könne. Es wurde nämlich damals, trotz der Nothlage des Landes, noch auffallend viel Luxus in Ostpreussen getrieben und schlecht gewirthschaftet, sodass selbst in den Publikationspatenten zu dieser Steuer die Bevölkerung davon abgemahnt wird.

§ 5. Die öffentliche Klassifikation.

Sobald die Ertragsanschläge des ganzen Amtes fertiggestellt waren, schritt die Kommission unter dem Vorsitz des Direktors zu einer provisorischen Klassifikation nach der Produktionsfähigkeit der Aecker. Aus den von den Spezialkommissionen für ihren Distrikt angefertigten Klassifikationen wurde jetzt diejenige des ganzen Amtes, ohne Rücksicht darauf ob die Anwesen adelig oder kölmisch oder bäuerlich waren, nach dem Prinzip der Bonität formulirt. Alsdann wurde dieselbe, indem die Kommission nun bei jedem Anwesen auf die gesammten Nebeneinkünfte aus den Pertinenzstücken, z. B. Brauereien, Mühlen, Krügen usw., Rücksicht nahm, entsprechend abgeändert und von neuem formulirt. Diese zweite, modifizirte Klassifikation wurde der Versammlung der Kreiseingesessenen vorgelegt.

Es waren nämlich in einem Termin der gesammte Adel, die Kölmer, die Schulzen und einige Landgeschworene des Amtes zu erscheinen aufgefordert.

Sobald den Versammelten die Klassifikation der Kommission vorgelesen war, forderte der Direktor die Anwesenden zu einer „gerechtfertigten Kritik“ auf, indem er darauf aufmerksam machte, dass die in diesem Termin festgestellte Klassifikation unabänderlich und für die Fixirung der Steuersätze massgebend bleibe.

Darauf begann die Diskussion im einzelnen, wobei die Debatte mit der Besprechung der untersten Klasse und den schlechtesten Gütern eröffnet wurde. Diese Debatten waren höchst interessant.

Es machte oft der Eigenthümer des betreffenden Gutes geltend, dass es schlechter sei als die anderen in der angezogenen Klasse und daher in eine niedrigere gesetzt werden müsse. Er wurde aber dann event. schon von den Eigenthümern der von ihm zitirten Güter widerlegt. Einzelnen, die hierüber ihre Meinung abgaben oder das Wort ergreifen wollten, ist von anderen eingewendet, dass sie parteiisch und dabei interessirt wären, weil sie ein Pfandrecht hätten oder das Anwesen kaufen wollten, oder Verwandte des Besitzers wären. Nachdem hierauf der Amtshauptmann sein Urtheil abgegeben, wurden event. die adeligen Deputirten, oder der Korn- oder Amtsschreiber, oder die Schulzen, endlich diejenigen vom Direktor um ihr Gutachten befragt, welche diese Güter oder Dörfer genau kannten. Zuletzt erhielten die drei Kommissare, welche diese Anwesen bei der Lokalbesichtigung in Augenschein genommen hatten, das Wort, um ihre Klassifikation zu begründen oder dem Abänderungsvorschlag beizustimmen. Je nach dem Ausfall dieser Debatte entschied endlich der Direktor definitiv im Namen der Kommission, ob es bei der bisherigen Klassifikation sein Bewenden habe oder die Abänderung stattfinden oder endlich die geltend gemachten Gründe beim Ausmass der Steuersätze berücksichtigt sein sollten.

Es war ein kühner und genialer Gedanke des Grafen Waldburg, die Einführung dieser öffentlichen Klassifikationen. Da hier neben dem Adel alle Klassen vertreten und die Betheiligten nur das Recht der Debatte und des Vorschlags, aber kein Stimmrecht hatten, war man vor den Missbräuchen einer entarteten ständischen Versammlung geschützt. Dagegen musste jeder, da er nur von seinem Egoismus geleitet war und sein durfte, bald zu der Erkenntnis gelangen, dass er bei einer gerechten, den Verhältnissen angepassten Klassifikation am besten fahre.

Weil ferner die Kommission gründlich zu Werke ging, gute Protokolle entwarf und in den Direktoren tüchtige Persönlichkeiten, wie den späteren Oberpräsidenten von Lesgewang, den v. Kalnein, besass, konnte sie einerseits jede öffentliche Kritik riskiren, andrerseits das staatliche Interesse in ausgiebigster Weise vertreten. Wir glauben, dass wohl bei keiner anderen Steuerreform des 18. Jahrhunderts die fiskalischen Interessen und die der Steuerzahler in einer so offenen, ausreichenden Weise erörtert und berücksichtigt wurden wie hier. Wir erfahren wiederholt aus den Berichten Waldburgs sowie aus den Relationen der Direktoren, dass überall die Klassifikation zur grössten Zufriedenheit aller Anwesenden beendigt und das Protokoll von allen gern unterschrieben worden sei[1]).

Sobald die öffentliche Klassifikation beendet war, zog sich die Kommission zurück, während der Direktor das Klassifikations-Protokoll dem ständischen Amtshauptmann zur Unterschrift seitens der Versammelten aushändigte. Gleichzeitig war dieser befugt, noch individuelle Beschwerdepunkte und Monita derjenigen, welche nicht zum Worte kamen, im Protokoll zu vermerken und zu diesem Zweck die Klassifikation noch einmal zu verlesen. Diese Beschwerdepunkte wurden darauf von der Kommission sofort definitiv entschieden und event. bei der Festsetzung der Steuersätze berücksichtigt.

Die Prinzipien, welche diesen Klassifikationen aller Aemter zu Grunde gelegt wurden, waren ungefähr folgende. Hinsichtlich der Bonität und Produktionsfähigkeit des von der Landwirthschaft benutzten Bodens waren für die ganze Provinz neun Hauptklassen im Anschluss an die damaligen ökonomischen Anschauungen formirt:

---

[1]) Es wird neuerdings von der Doktrin (Stein, Wagner) energisch die Mitwirkung der Steuerzahler auf der Basis der heutigen Selbstverwaltung bei der Festsetzung der Steuersätze für die Einzelnen und der Steuerschuldigkeiten für einzelne Gemeinden verlangt, indem anerkannt wird, dass allgemeine Normen den individuellen und lokalen Verschiedenheiten der Steuerzahler nicht genügen und genügen können. Es ist nur zu wünschen, dass die Weiterentwickelung des Steuerwesens diesen Weg einschlägt, und die Mitwirkung der Steuerzahler eines Selbstverwaltungsbezirkes, z. B. eines Amtsbezirks, Kreises, stattfindet, wofern dabei das staatliche Interesse hinreichend gewahrt und jeder Missbrauch und die Willkür der Einzelnen ausgeschlossen bleibt. Vgl. Stein, Lehrbuch der Finanzwissenschaft, 3. Aufl. 1875, S. 43 ff.; A. Wagner, Spezielle Steuerlehre 1. Theil, in Schönbergs Handbuch der politischen Oekonomie 1882, 2. Bd. S. 201.

1) roter mit einigem Grand gemischter Lehm,
2) gelber, strenger Lehm,
3) blauer und schluppichter Lehm,
4) schwarze, fette und lockere Erde,
5) schwarz-graue strenge Erde,
6) graue, lockere, mit Grand und ganz kleinen Steinen gemischte Erde,
7) grauer Grand,
8) gelber, grandiger mit Sand gemischter, und
9) ganz sandiger Acker.

Unter eine oder mehrere dieser Hauptklassen hatte die Kommission die einzelnen Aemter nach ihrer Bodenbeschaffenheit zu subsumiren und weitere Klassen und Kategorien innerhalb derselben zu unterscheiden.

Bei den Wiesenflächen waren vier Klassen angenommen und ebensoviele für die Wälder, für welche letzteren zugleich die Steuersätze von Anfang an und zwar für die I. Klasse $1^1/_3$ Thaler, für die II. 1 Thaler, für die III. $^2/_3$ Thaler und für die IV. $^1/_3$ Thaler pro Hufe ausgeworfen waren.

Besondere Grundsätze für die Klassifikation innerhalb des einzelnen Amtes wurden nicht aufgestellt. Waldburg erklärt es für unmöglich, ein Prinzip, welches durchgehends in allen Aemtern gelten sollte, zu formuliren. Es war dagegen in jedem Amte eine der individuellen Beschaffenheit desselben angemessene Klassifikation vorzunehmen.

Nur hinsichtlich der Grösse der Güter war vorgeschrieben, dass in jedem Amt vier Hauptklassen unterschieden wurden:

die I. Hauptklasse umfasst die Güter von 1— 12 Hufen,
„ II. „ „ „ „ „ 12— 20 „
„ III. „ „ „ „ „ 20— 40 „
„ IV. „ „ „ „ „ 40—100 „ u. m.

Als ökonomischen Grund für diese Eintheilung führte man die Thatsache an, dass die Güter in der I. Klasse relativ die grösste Rente gewähren und dass bei den in den folgenden die Einkünfte mit der zunehmenden Grösse geringer werden aus Mangel an genügendem Personal und Betriebskapital.

Im Amte Lyck, von dem zufällig einige Nachrichten vorhanden sind, wurden, „weil es dort keine besonderen Pertinentien gibt“ und das Land arm war, „die geringsten Umstände in Consideration gezogen“ und in jedem der fünf Kirchspiele besondere Klassifikationen entworfen, „um nicht im Geringsten anzustossen“. Ferner wurden hier zwei Hauptklassen innerhalb der Güter des Adels unterschieden. Es wurde der Adel, von welchem jeder ein Gut besass, von dem getrennt, von welchem mehrere auf einem Gut neben einander wohnten. Erstere hätten, so nahm man an, bei ihren grossen

Gütern geringeren Boden und befänden sich aus Mangel an Gesinde wegen der Nähe der Grenze in schlechterem Zustand[1]).

Welche Modifikationen bei der Klassifikation der übrigen Aemter vorgekommen sind, lässt sich, da die Akten fehlen, nicht feststellen. Hervorzuheben ist nur nochmals, dass in jedem Amt eine doppelte Klassifikation aller Anwesen entworfen wurde. Es erfolgte zunächst eine Klassifikation aller Güter, Dörfer, Vorwerke usw. nach dem Prinzip der Bonität der Aecker. Dieselbe wurde darauf, indem die Kommission auf das Nebeneinkommen aus den landwirthschaftlichen Nebengewerben, Brauereien, Brennereien, Mühlen, Krügen, Fischerei, Wald usw., Rücksicht nahm, überall abgeändert. Diese zweite, abgeänderte Klassifikation bildete für die obigen Berathungen der Kreiseingesessenen die Unterlage. Man könnte die erstere als Klassifikation der Grundsteuer, letztere als die einer Einkommensteuer bezeichnen, insofern hier das gesammte Einkommen als Steuerobjekt genommen wird. Es ist hieraus ersichtlich, dass der Generalhufenschoss eine Kombination von Grund- und Einkommensteuer ist, oder als eine Einkommensteuer radizirt auf das Prinzip der Grundsteuer bezeichnet werden kann.

§ 6. Die Taxation.

Auf der Basis dieser öffentlich festgesetzten Klassifikation fand unter dem Vorsitz des Grafen Waldburg, welcher in allen Aemtern mindestens einige Mustergrundstücke und Güter selbst in Augenschein nahm, die Fixirung der Steuersätze pro Hufe für jedes Anwesen, die sogen. Taxation statt. Es nahmen daran theil die drei Kommissare, welche die Lokalbesichtigung

---

[1]) Es ist auffallend, dass gerade über die Einrichtung der vier Aemter Lyck, Lötzen, Oletzko und Johannisburg ein Schriftstück, eine Thersitesklage gehässigster Art seitens eines höheren Beamten Masurens in Gumbinnen, aus der Mitte des vorigen Jahrhunderts existirt. Es sind dort ohne genaue Kenntnis der Sachlage die kleinsten Punkte mühsam zusammengetragen und zu einem grossen Angriff gegen diese Steuer zusammengeballt. Der Verfasser, von wüthendem Hass gegen den Grafen Waldburg erfüllt, wirft ihm und der Kommission vor, sie hätten keine Rücksicht darauf genommen, dass diese Aemter an Polen grenzen, von Königsberg weit entfernt liegen usw. — lauter Dinge, welche die Kommission voll und ganz berücksichtigt hatte. Der Vorwurf, die Kommission hätte von Jahr zu Jahr ein strengeres Verfahren angewendet, um möglichst hohe Steuersummen zu erzielen, ist ebenfalls unzutreffend und unbegründet. Das Verfahren derselben wurde im Gegentheil immer objektiver, allseitiger und technischer. Thatsache ist, dass die Kölmer und Bauern hier dem Grafen Waldburg wiederholt erklärten, sie könnten den Generalhufenschoss viel leichter tragen als die früheren Steuern. Thatsache ist ferner, dass seitdem in der Folgezeit keine weiteren Anklagen gegen den Generalhufenschoss erhoben worden sind.

der betreffenden Anwesen vorgenommen hatten, der adelige Deputirte, der Amtshauptmann, der Direktor und bei den königlichen Bauerndörfern auch der Kammerrath. Bei der Abstimmung entschied die Majorität. Es hatten zunächst die drei Kommissare, welche die Lokalbesichtigung vorgenommen hatten, abzustimmen. Alsdann gaben der adelige Deputirte, der Amtshauptmann und der Kammerrath, darauf der Direktor und zuletzt der Präsident Graf Waldburg sein Votum. Bei Stimmengleichheit entschied die Stimme des Präsidenten.

In jedem Amt ist stets zunächst der jährliche Steuersatz für die schlechteste und für die beste Hufe fixirt. Hierauf sind, indem die Kommission mit den schlechtesten Hufen anfing und zu den besseren überging, die übrigen Steuersätze innerhalb dieser beiden Grenzen ausgeworfen. Dabei hatte Graf Waldburg die Bestimmung getroffen, dass die Differenz der Steuersätze zweier Klassen mindestens 5 Groschen pr.[1]) betragen sollte. Im Jahre 1717 wurden fünf, in den folgenden sechs bis sieben Aemter auf einmal, nachdem sie einzeln klassifizirt waren, taxirt. In diesem Falle sind die Aemter selbst noch nach ihrer Bodenbeschaffenheit klassifizirt. Alsdann sind wieder zunächst die Steuersätze für die schlechteste Hufe des schlechtesten Amtes und die vorzüglichste des besten fixirt und darauf diejenigen für die beste und schlechteste Hufe jedes einzelnen Amtes. Graf Waldburg wollte hiedurch sowie durch den Umstand, dass er selbst an allen Taxationen theilnahm, die möglich grösste Gleichmässigkeit und Einheitlichkeit der Steuersätze im ganzen Lande erzielen.

Zwar scheint es nach einzelnen Aktennachrichten, als ob zufällige Majoritätsbeschlüsse und Willkür bei der Feststellung dieser Steuersätze eine Rolle gespielt hätten. Allerdings hatte Waldburg in dieser Beziehung vollständig freie Hand. In den Vorberathungen zu Berlin, die unter dem Vorsitz des Königs stattgefunden hatten, war nur festgesetzt, dass eine mittelmässige Hufe mit 3⅓ Thlr. belegt werden sollte, wenn bestimmte Bedingungen vorlägen. Forschen wir aber genauer nach, so finden wir, dass Waldburg mit allen Mitteln dahin strebte, die Steuersätze in jedem Amt nach einem gleichen Verfahren, nach einem einheitlichen Gesichtspunkt fixiren zu lassen.

Welches Prinzip lag diesem Verfahren zu Grunde? Aus den Instruktionen erfahren wir nur die allgemeinen Bestimmungen, dass die Kommissare nach den damaligen Schlagwörtern auf das königliche Interesse einerseits, auf die Konservation der Unterthanen andrerseits sehen, dass sie ferner

---

[1]) Der Thaler hatte 90 preussische Groschen.

nach dem Prinzip der Bonität unparteiisch und ohne Passion verfahren sollten, damit sowohl der Bauer wie der Adel dabei gut bestehen könnten und auf die Dauer nicht ruinirt würden. Endlich sollte die Kommission ihre Aufmerksamkeit darauf richten, möglichst überall den Höchstbetrag der Steuern des Jahres 1708 oder den Durchschnittssteuerbetrag der Jahre 1700—1714 zu erzielen. Daher waren statistische Tabellen über alle Steuern, welche in den Jahren 1701—1714 ausgeschrieben waren, für jedes Amt und Anwesen zum Gebrauch für die Kommission angefertigt.

Waldburg hatte sich zwar in seinem Steuerprojekte dem Könige gegenüber nur verpflichtet, den Durchschnittssteuerbetrag der Steuern der Jahre 1700—1714 bezw. noch ein Plus aufzubringen, dafür aber den Reichen zu belasten und den Armen ausgiebig zu entlasten, mit anderen Worten diese Gesammtsteuer nach dem Prinzip der Bonität zu repartiren. Der Generalhufenschoss ist insofern eine Repartitionssteuer, bei welcher der historische Durchschnittssteuerertrag, de facto der Maximalbetrag des Jahres 1708, nach der Bonität und dem dauernden Nebeneinkommen aus den landwirthschaftlichen Nebengewerben umgelegt ist.

Waldburg scheint thatsächlich zu seinem Steuerprojekt auf dem Wege gelangt zu sein, dass er die vom Könige jährlich verlangten ihm bekannten Gesammtsteuersummen mit der faktischen Austheilung nach den ständischen Steuern einerseits und der wirklichen Leistungsfähigkeit der einzelnen Anwesen andrerseits verglich. Ich vermuthe, dass derselbe ausgehend von dieser Gesammtsumme bestimmte Steuersätze für die einzelnen Bonitätsklassen des Landes formulirte, das er infolge seiner vielen Reisen genauer kannte, als andere. Ich glaube ferner, dass derselbe bei der Durchführung dieser Reform einen Klassifikationstarif, d. h. Maximal- und Minimalsteuersätze, für jedes Amt und die hervorragendsten Bonitätsklassen aufgestellt hatte. Dass er aber denselben geheim hielt und über diesen Punkt in den Instruktionen nur unvollständig und in vagen Ausdrücken sprach, während er sonst alles genau und umständlich präzisirte, erklärt sich aus seiner schwierigen Stellung gegenüber dem Könige und den Ständen.

Daher aber wurden in jedem Amt zunächst die Steuersätze für die schlechteste und die beste Bonitätsklasse, wie wir oben sahen, von der Kommission festgesetzt. Waldburg hatte ferner, wie oben bemerkt, für fünf bis sieben Aemter, die sich durch die „Differenz der Bonität“ ihrer Acker besonders auszeichneten, auf einmal und zwar zunächst die Steuersätze für die schlechteste Klasse des schlechtesten und die vorzüglichste des besten Amtes und dann für die geringste und die beste Klasse jeden Amtes fixiren lassen. Aus demselben Grunde hatte derselbe ferner den Taxationen in jedem Amt präsidirt, „um“, wie er sich ausdrückt, „die Hauptsache auf einen egalen Fuss zu bringen".

Wie hoch dieser Klassifikationstarif, wie gross dieser einheitlich durchgeführte, nominelle Steuerfuss gewesen, wie viel Prozente des Reinertrages derselbe ausgemacht habe, darüber finden wir keine Nachrichten.

Dagegen erfahren wir wiederholt aus den Berichten Waldburgs an den König, die Steuersätze seien in der Art umgelegt, dass jeder tüchtige Landwirth aus seinem Grundstück noch so viel „Profit" ziehen könne, um das in demselben enthaltene und im Kaufpreise erkennbare Kapital bis auf 7 Prozente nutzen zu können.

Diese Einheit des Steuerfusses wurde auch durch das kollegialische Verfahren und das Majoritätsprinzip nicht beeinträchtigt, sondern im Gegentheil noch gefördert. In der Kommission befanden sich die tüchtigsten Beamten aus dem Kriegskommissariat und aus den königstreuen Vasallen, und das waren damals die befähigtsten, welche einheimische tüchtige Landwirthe und des Landes kundig waren. Dadurch, dass die Zahl der Kommissare gering war und alle von Anfang bis zu Ende ohne Personenwechsel bei dieser Reform gearbeitet haben, und dass genügende Debatten stattfanden, wurden alle Nachtheile des kollegialischen Verfahrens beseitigt und eine Einheit gewahrt. Waldburg konnte infolge seines Einflusses diesen einheitlichen Steuerfuss gegenüber der Kommission überall konsequent durchführen. Er berichtet z. B. dem Könige, er habe es verhindert, dass, wie die Kommission anfangs beabsichtigte, in Preuss. Holland und den benachbarten Aemtern höhere Steuersätze, die nicht mit dem bisherigen Verfahren im Einklang ständen, fixirt würden.

Bei der Festsetzung dieser Steuersätze aber richtete man auch auf die übrige Steuerlast des platten Landes sein Augenmerk. Waldburg erklärt, es wäre ungerecht, wenn man keine Rücksicht nähme auf „andere Auflagen, als da sind Stempelpapier, die Pfennigsteuern, die Akzise in den kleinen Städten usw., bei welchen letzteren der Landmann, indem er das meiste aus den Städten kauft, auch insensiblement mit trägt".

Wegen des so dürftigen Aktenmaterials gewähren die Versuche, aus den wenigen Andeutungen den realen Steuerfuss zu berechnen, keine Sicherheit zu einem nur annähernden befriedigenden Resultat zu gelangen. Irrig ist die Ansicht des Finanzministers Roden, der Generalhufenschoss hätte $33^1/_3$ Prozent des Reinertrages ausgemacht, indem derselbe diese Behauptung aus den Bestimmungen der berliner Konferenzen abstrahirt, nach welchen eine mittelmässige Hufe mit $3^1/_3$ Thlr. eventuell belegt werden sollte.

§ 7. Die Prinzipien der Allgemeinheit und Gleichheit.

Der Graf Waldburg hatte anfangs das Prinzip der Allgemeinheit so rigoros durchgeführt, dass er alle, auch die Pfarr-, Hospital- und zum Theil die Domänenvorwerkshufen, welche seit 1713 aus Bauernland gebildet worden waren, mit dem Generalhufenschoss belegte. Die seit früherer Zeit bestandenen Vorwerke blieben von Anfang an frei. Aber auch jene später gebildeten Vorwerke, wie die anderen eben genannten Kategorien musste Waldburg auf Befehl des Königs frei lassen.

Hinsichtlich des Prinzips der Gleichheit haben wir schon oben gesehen, wie alle Acker, ohne Rücksicht darauf ob sie adelig, kölmisch oder bäuerlich waren, lediglich nach dem Prinzip der Bonität öffentlich klassifizirt und auf Grund dieser Klassifikation die Steuersätze ausgeworfen sind.

Mit der grössten Energie trat der schon vielfach mit modernen Ideen[1]) erfüllte Graf Waldburg überall für die gleichmässige Besteuerung des Adels und der Bauern ein. Er erklärt dem Könige, dass der Adel keinen Vorzug geniessen dürfe, da der Monarch die adeligen Hufen ebenso beschützen müsse wie die bäuerlichen. Ebenso wenig könne der Adel sich auf die Steuerfreiheit in anderen Provinzen berufen, da es in Ostpreussen nicht wie dort ehemalige reichsunmittelbare, gräfliche oder freiherrliche Güter gäbe, sondern nur einfach adelige. Den durchschlagendsten Grund hatte Waldburg schon in der Konferenz zu Berlin 1715 gegenüber den ständischen Anforderungen geltend gemacht. Der Adel[2]) dürfe bei dieser Reform keinen Vorzug verlangen, da er auch bei den bisherigen ständischen Steuern, dem Kopf-, Horn-, Klauen- und Hufenschoss usw., nicht geringer, sondern mit denselben Steuersätzen belegt worden sei, wie die anderen Unterthanen.

Nur im Jahre 1715, wo Waldburg zuerst und zwar nur provisorisch im Amte Brandenburg diese Steuer einführte, hat er mit diesem Prinzip nicht offen hervortreten können. Er

---

[1]) In seinen Denkschriften über das Remissionswesen wird von ihm bereits die Idee einer Unfallversicherung ausgesprochen und dem Könige dahingehende praktische Vorschläge gemacht.

[2]) „Wozu kommt, dass in denen öftern Conferencien, welche bey Sr. Königl. Majestät Hoflager über den zu introducirenden General-Hufen-Schoss gehalten, erwiesen, dass die adeliche und Cöllmischen Hufen ratione der Contribution vor den Königl. immediat Hufen nichts voraus haben können, sonderlich da die Stände selbst bey dem alten Modo contribuendi hierauf reflectiret, vielmehr die Bauer-Hufen, das Vieh und Pferde ratione des Schosses nicht geringer oder höher, sondern egal mit denen Cöllmischen und adelichen Hufen gesetzt..., so ist bei Indroducirung des General-Hufen-Schosses dergestalt zu verfahren, dass bei Anschlag des Contributions Quanti weder auf vorigtes noch auf Schulden, mit welchen die Güter beschweret, reflectiret“ ...

berichtet dem Könige, er habe gegenüber dem Widerstand, den er überall gefunden, aus Politik den Adel und die Kölmer mässiger besteuert als die Bauern, weil anders er eine solche Opposition seitens der Stände befürchtete, dass sein ganzes Reformwerk daran scheitern könnte. Bereits in dem nächsten Amte wurde, als der Widerstand der Stände in Berlin im Winter 1716 beseitigt war, dieses Prinzip der Gleichheit durchgeführt und im Amte Osterode eine öffentliche Klassifikation vorgenommen.

Mit Ausnahme des Amtes Brandenburg ist also das Prinzip der Steuergleichheit für Adel und Bauern in der ganzen Provinz durchgeführt, wie es die noch vorhandenen Kataster zahlenmässig beweisen.

Es hat sich in der Literatur bis jetzt durch Schimmelfennig die falsche Ansicht erhalten, dass bei dieser Reform der Adel, die Kölmer und die Bauern nach einem verschiedenen Steuerfuss behandelt worden seien, dass die Bauern am stärksten, die Kölmer geringer, der Adel am mässigsten belastet worden wären; dabei war man nur hinsichtlich der Prozente, nach welchen dieser Steuerfuss abgestuft wurde, im unklaren [1]). Schon Stolterfoth [2]) bekämpft gegenüber den älteren Kameralisten die allgemeine Meinung, dass der Generalhufenschoss beim Adel 1/4, bei den Kölmern 1/3, bei den Bauern die Hälfte des Reinertrages ausgemacht habe, als falsch und unbegründet.

Die Entstehung dieser irrthümlichen Ansicht erklärt sich aus dem Umstand, dass die zeitgenössische Literatur nur das Verfahren in dem Amte Brandenburg erfuhr, das durch den Kampf mit den Ständen (1716) allgemein bekannt geworden ist. Waldburg hielt seitdem das Verfahren der Kommission so geheim, dass er durch einen königlichen Befehl selbst dem Amtshauptmann und adeligen Deputirten das Nachschreiben der Steuersätze bei der Taxation verbieten liess und den geplanten Druck der Kataster aufgab. Dieses Verfahren im Amte Brandenburg ist nun aus Mangel an anderen Nachrichten von der Literatur ohne Grund in den wesentlichen Punkten generalisirt und als das Charakteristische dieser ganzen Steuerreform hingestellt worden.

Es erscheint daher nicht überflüssig, hier das ursprüngliche Verfahren der Kommission in diesem Amte mit wenigen Worten zu berühren. Das ganze Amt wurde in fünf Stationen getheilt. Nachdem die Lokalbesichtigung einer Station beendet war, wurden im Mittelpunkt derselben die Eigenthümer einzeln vernommen. Gleich darauf wurde mit jedem

---

[1]) Schimmelfennig a. a. O. 2. Aufl. S. 37 führt die älteren verschiedenen Ansichten theilweise an.

[2]) Stolterfoth, Ueber das Verfahren bei der Einführung des Generalhufenschosses in Preussen, geschrieben 1804, veröffentlicht in den Neuen preussischen Provinzialblättern Jahrg. 1846 (Januar bis Juli) S. 192 ff.

besonders der Steuersatz für die Hufe festgestellt und in einem Steuervertrag, dem „Akkord“, der von dem Besitzer unterschrieben werden musste, fixirt. Waldburg kam es hauptsächlich auf die Unterschrift dieser Steuerverträge seitens des Adels hier an, weil er dadurch denselben rechtlich gebunden glaubte und dem weiteren Widerstand desselben vorzubeugen hoffte. Die Akkorde, deren Unterschrift der Adel oft verweigerte, sind in den nächsten Jahren, wie auch Schimmelfennig richtig bemerkt, ausser Gebrauch gekommen, „weil deren Vollziehung nur Diffikultäten verursachte“.

Gegen die Klausel in diesem Akkord, dass keine weiteren Steuern später für das platte Land eingeführt werden sollten, sträubte sich anfangs der streng gewissenhafte Friedrich Wilhelm I. Er schreibt in margine: „Bewahr mir Gott das ich soll Imposte machen auf das Land aber ich bin im Krieg und ich weis nit wie die Sache gehen kann das ich gegen meinen Willen müsste auf das Land ausschreiben das würde dann in Preussen nit angehen. Ergo binde mir nit die Hände. Gott ist bekannt, ob ich intention habe mein Land zu subleviren aber die Hände binde mir nit.“

Bei der Durchführung dieses Prinzipes der Steuergleichheit mussten ferner aus Rücksicht auf die praktischen Bedürfnisse theils vorübergehende, theils dauernde Abweichungen stattfinden. Um den persönlichen Verhältnissen der Steuerzahler und der traurigen Lage, in der sich die damalige Landwirthschaft befand, einigermassen Rechnung zu tragen, hatte Waldburg bestimmt, dass die infolge von Misswachs, Viehsterben verarmten Landwirthe in den ersten sechs Jahren nur $^1/_4$ der fixirten Steuerbeträge zu entrichten hätten. Nach Verlauf dieser sechs Jahre waren die vollen Steuersätze zu zahlen. Von dem Besitzer der „ruinirten“ Güter wurde in den ersten drei Jahren nur $^1/_3$, in den folgenden drei Jahren $^2/_3$ und nach sechs Jahren die volle Steuersumme erhoben. Die Steuerzahler endlich, welche in den letzten drei Jahren einen besonderen Schaden, Brandunglück usw., erlitten hatten, zahlten in den ersten drei Jahren $^1/_3$, event. $^2/_3$, nach drei Jahren die vollen Steuersätze.

Weiterhin mussten einige Konzessionen auch der Verwaltung, insbesondere den Domänenkammern, in dieser Beziehung gemacht werden. Die Kammerbedienten und Forstbeamten, die Hasenjäger, Warthen, Wildnisbereiter usw. sollten nur $^2/_3$ des Generalhufenschosses zahlen. Ebenso wurden die Schulzenhufen, d. h. die Diensthufen der Schulzen, mit $^2/_3$, die Universitätshufen mit $^1/_6$ des Generalhufenschosses belegt.

Inbetreff der Domänenbauern hatte Waldburg die Bestimmung getroffen, dass stets $16^2/_3$ Prozent des Domänenzinses von den ausgeworfenen Sätzen des Generalhufenschosses für die Hufe abgezogen würden. Hiedurch wollte er eine ungefähre Gleichmässigkeit der Gesammtlasten der letzteren gegenüber den adeligen Bauern herbeiführen, die insofern besser gestellt waren, als sie keine Servisgelder zu entrichten hatten. Bei den Kadukhufen und den sogen. Berahmungshufen — d. h. Domänenhufen, die von „Fremden", die sich noch nicht angesiedelt hatten, gepachtet waren — sollte $^1/_3$ des Domänenzinses zum Generalhufenschoss gerechnet und an diese Kasse abgeführt werden. Sobald sich aber diese Pächter angebaut und dauernd niedergelassen hätten, war die katastermässige Steuer zu entrichten.

Wüste Hufen wurden endlich bei Adel und Kölmern nicht angenommen, sondern zum Kataster gebracht. Die Kommission sah bei diesen nicht allein auf die Bonität, sondern auch auf die augenblickliche Benutzung derselben, z. B. ob sie zur Weide genutzt oder verpachtet wurden. Ferner achtete man darauf, ob dieselben dauernd oder nur aus Mangel an Leuten, Vieh, Kapital oder aus verdrossener Faulheit wüst geblieben waren. Wüste Hufen in den königlichen Bauerndörfern wurden zwar in dem Kataster verzeichnet, aber nicht eher mit Steuersätzen belegt, als bis sie besetzt waren.

Unland und Oedland dagegen blieb steuerfrei.

Endlich wurden bei dieser Steuerreform zugleich die kleinen Leute, Inst- und Miethleute, Gärtner, Müller, Fischer usw., mit dem bisherigen Kopf- und Hornschoss und zwar aus sozialpolitischer Rücksicht mit mässigen Sätzen belegt, „damit die Leute zu besserem Fleiss encouragirt würden und also williger in den königlichen Ländern sich etablirten".

§ 8. Die Resultate des Generalhufenschosses.

Das finanzielle Resultat dieser Steuer war ein überaus glänzendes. „Nicht weniger als 34 681 verschwiegene Hufen sind dem Kataster durch diese Reform zugewachsen [1])." Am ersten Mai 1723 belief sich, nachdem die Landvermessungen beendet und die Kataster vollständig abgeschlossen waren, die Gesammtsumme des Generalhufenschosses auf 299 501 Thlr. in märkischer Münze [2]). Viele Ritterdienste, zahlreiche kölmische, den Servisgeldern unterworfene Hufen, die sich in den Händen des Adels befanden, wurden konstatirt und viele Domänenstücke, welche der Adel im Laufe der Zeit sich widerrechtlich angeeignet hatte, wieder entdeckt.

Bei den Prozessen, welche Friedrich Wilhelm I. wegen dieser Domänenbestandtheile gegen den Adel durch den advo-

[1]) Schmoller a. a. O. S. 56.

[2]) Das Verhältnis des Generalhufenschosses zu den früheren ständischen Steuern wurde im folgenden veranschaulicht:

catus fisci in Königsberg anstrengen liess, scheint doch, nach den über die Verjährung aufgestellten Grundsätzen zu schliessen, eine grosse Billigkeit obgewaltet zu haben. Als Waldburg in einer Denkschrift den König aus volkswirthschaftlichen Gründen bat, dass „die von der Landesherrschaft nicht konfirmirten Privilegien nicht kassirt würden", weil sonst die Kaufkraft der Rittergüter schwinde, die Besitzverhältnisse unsicher würden und die Einwanderung nach Ostpreussen gehemmt würde, erwiderte der Monarch in marg.: „Was passirt ist, werde nit scharf examiniren mit meinen Vasallen. Ich will sie conservirt haben und will sie aufhelfen gegen ihren Willen."

Neben dem Generalhufenschoss sind noch die Ritterdienstgelder, die im ganzen 16 000 Thlr. einbrachten, und die „Servis- und Fouragegelder" eingeführt. Diese letzteren betrugen 1 Thlr. 8 Gr. für die Hufe und wurden nur von den Domänenbauern und den Kölmern aufgebracht. In dem Kampfe mit den Ständen 1716 hatte nämlich der König, der auch den Adel wie in den anderen Provinzen mit den Servisgeldern belegen wollte, in diesem Punkte nachgegeben. Während also die königlichen Bauern und Kölmer neben dem Generalhufenschoss noch die Servisgelder zu entrichten hatten, zahlte der Adel die Ritterdienstgelder, so dass auch in dieser Beziehung eine, wenn auch mehr formelle Gleichmässigkeit der Belastung des Adels und der Bauern erreicht wurde. Die materielle Gleichheit der Steuersätze war aber nur bei dem Generalhufenschoss realisirt.

Interessant wäre ein Vergleich der Steuersätze des Generalhufenschosses nach den noch vorhandenen Katastern mit den früheren Steuern. Leider sind die statistischen Tabellen, die Graf Waldburg von dem fünfzehnjährigen Steuerbetrag der ständischen Steuern (1700—1714) für jedes Besitzthum anfertigen liess, nicht mehr vorhanden. Nur einzelne gelegentliche Aeusserungen existiren noch, aus denen wir eine ungefähre Proportionalität beider Steuersummen für die Hufe feststellen können.

„Summarische Balance von 1723

Gesammtsteuersumme von 1708		Gesammtsteuersumme von 1714		Gesammtsumme des Generalhufenschosses
Soll	Ist	Soll	Ist	
Thlr.	Thlr.	Thlr.	Thlr.	Thlr.
281 569	262 801	224 399	203 426	299 501
Plus des Generalhufenschosses:				
17 932	36 700	75 102	96 075	

in märkischer Münze."

Hieraus geht aber hervor, dass die Entlastung der Armen von der bisherigen Steuerlast und die Mehrbelastung der Reichen durch den Generalhufenschoss grösser war, als man erwartete und als es in der bisherigen Literatur angedeutet ist.

Ich könnte behaupten, dass die Reichen mehr als das doppelte der bisherigen Steuern, ja in manchen Fällen sogar ein Plus von 200—260 Prozent an Generalhufenschoss zahlen mussten, während die Armen in den meisten Fällen bis um 200 Prozent gegenüber den ständischen Steuern erleichtert wurden.

Diese Steuererhöhung und -erniedrigung durch den Generalhufenschoss war für jeden Besitzer schon wegen des Prinzips der Bonität gegenüber den früheren gleichen Sätzen der ständischen Steuern eine verschiedene und noch mehr infolge der früheren Defraudationen, verschwiegenen Hufen usw. In der tilsiter Niederung z. B., wo früher grosse Defraudationen seitens der Kölmer vorgekommen waren und die besten Hufen 2, 3 bis 6 Thlr. gezahlt hatten, waren die übrigen Steuerbeträge aller ständischen Steuern zwischen 8—20 Thlrn. auf die Hufe gewesen und diese haben vornehmlich auf den ärmeren Bauern, nicht auf den defraudirenden Kölmern geruht. Nach dem Generalhufenschoss zahlte die beste Hufe nur 14 Thlr. In diesem Amte also wurde der Eigenthümer der besten Hufe, der bisher 6 Thlr. zahlte, um 233$^1/_3$ Prozent höher belastet, eine Steigerung, die sich allerdings in dem Masse geringer erwies, als der Besitzer früher sonstige ständische Steuern bezahlt hatte.

Im Amte Preuss. Mark, welches 2000 Thlr. mehr an Generalhufenschoss als 1708 zahlte, betrug die Durchschnittsbelastung pro Hufe 120 Prozent mehr. Dabei haben wir noch die verschwiegenen Hufen, die in diesem Amt entdeckt wurden, nicht berücksichtigt, weil sie unbekannt sind. Um wie viel höher musste die Belastung für die einzelnen Besitzer in diesem Amt gewesen sein!

Graf Dohna-Schlodien, der damalige Präsident der ständischen Regierung, zahlte 110 Prozent mehr an Generalhufenschoss. Im übrigen variirten die Steuersätze des Generalhufenschosses wie wir im folgenden sehen werden wegen der Bonität der Aemter so sehr, dass, während die schlechteste Hufe nur mit $^1/_3$ Thlr. belegt war, die beste 14 Thlr. tragen musste.

Die Relation zwischen beiden war also wie 1 : 42!

Namen der Aemter	Steuersätze für die beste Hufe	Steuersätze für die schlechteste Hufe
1) Tilsit	14 Thlr.	1$^1/_3$ Thlr.
2) Schaaken	12 Thlr.	2 Thlr.
3) Brandenburg	10$^1/_3$ Thlr.	1$^1/_3$ Thlr.

Namen der Aemter	Steuersätze für die beste Hufe	Steuersätze für die schlechteste Hufe
4) Preuss. Holland	8 Thlr.	$2^1/_3$ Thlr.
5) Preuss. Mark	8 Thlr.	$1^2/_3$ Thlr.
6) Labiau	8 Thlr.	$1^2/_3$ Thlr.
7) Neuhausen	8 Thlr.	1 Thlr. 73 Gr.
8) Fischhausen	$7^1/_2$ Thlr.	$1^1/_2$ Thlr.
9) Preuss. Eylau	$7^1/_3$ Thlr.	$1^2/_3$ Thlr.
10) Barthen	7 Thlr.	1 Thlr.
11) Balga	7 Thlr.	1 Thlr.
12) Marienwerder	7 Thlr.	1 Thlr. 65 Gr.
13) Riesenburg	7 Thlr.	1 Thlr.
14) Rastenburg	$6^2/_3$ Thlr.	1 Thlr.
15) Tapiau	$6^1/_3$ Thlr.	1 Thlr.
16) Deutsch Eylau	6 Thlr.	$1^1/_2$ Thlr.
17) Liebstadt	5 Thlr. 70 Gr.	2 Thlr.
18) Hohenstein	5 Thlr. 50 Gr.	$^1/_3$ Thlr.
19) Insterburg	5 Thlr.	1 Thlr. 10 Gr.
20) Szabienen	5 Thlr.	1 Thlr. 10 Gr.
21) Taplaken	5 Thlr.	1 Thlr.
22) Gerdauen u. Nordenburg	4 Thlr. 80 Gr.	1 Thlr.
23) Bartenstein	4 Thlr. 70 Gr.	1 Thlr.
24) Schönberg	$4^2/_3$ Thlr.	$1^1/_3$ Thlr.
25) Mohrungen	$4^2/_3$ Thlr.	$1^1/_3$ Thlr.
26) Ragnit	$4^2/_3$ Thlr.	1 Thlr. 10 Gr.
27) Memel	$4^1/_3$ Thlr.	$1^1/_3$ Thlr.
28) Angerburg	4 Thlr. 15 Gr.	$1^2/_3$ Thlr.
29) Ortelsburg	4 Thlr. 15 Gr.	1 Thlr.
30) Soldau	4 Thlr.	1 Thlr.
31) Neidenburg	4 Thlr.	1 Thlr.
32) Lötzen	4 Thlr.	1 Thlr.
33) Lyck	4 Thlr.	1 Thlr.
34) Rhein	4 Thlr.	1 Thlr. 5 Gr.
35) Oletzko	4 Thlr.	1 Thlr.
36) Osterode	4 Thlr.	$^2/_3$ Thlr.
37) Gilgenburg	$3^2/_3$ Thlr.	1 Thlr. 15 Gr.
38) Sehestan	$3^2/_3$ Thlr.	1 Thlr. 5 Gr.
39) Johannisburg	3 Thlr. 15 Gr.	1 Thlr.

Mit unermüdlichem Fleiss und Pflichteifer und mit grösster Gründlichkeit hatte die Kommission dieses „schwere Werk“, die Einrichtung des Generalhufenschosses, unter den grössten Strapazen, schlechten Kommunikationsmitteln, Mangel aller Art, Misstrauen der Bevölkerung, Anfeindungen und Ränken seitens des Adels und der Domänenbeamten vollendet. Am meisten hatte der Graf Waldburg in seiner exponirten Stellung unter diesen Verhältnissen zu leiden gehabt. Schon 1718 klagte er dem Könige, dass er seine Gesundheit bei dieser Arbeit geschädigt, über 20 000 Thlr. ausser den Einkünften aus seinen Gütern verwendet habe, um nur die Reform dergestalt durchzuführen, dass er wenigstens seine Ehre gegenüber allen Anfeindungen und Ränken seiner Neider retten könnte. Bereits im Mai 1721 erlag er seinen Leiden in Königsberg, wo er der erste Oberpräsident war. Noch kurz vor seinem Tode liess er in dem königlichen Schlosse zu Königsberg einen Pavillon restauriren, wo die Kataster und alle Akten des Generalhufenschosses deponirt wurden. Er schreibt dabei an Friedrich Wilhelm I., er habe gesucht: „alles dergestalt zu incaminiren, damit nicht allein bei jetztiger Zeit, sondern auch der Nachwelt die Billigkeit des introducirten Generalhufenschosses wider alle Feinde und Neider und Verfolger kann geschützt werden und ich mein Thun vor der unparteyischen, christlichen und honetten Posteriorität gleichfalls verantworten mag“ [1]).

§ 9. Anhang.

Die Reklamationen stehen bis zu einem gewissen Grade in einem umgekehrten Verhältnis zu dem Werthe einer Steuerreform und scheinen gleichsam die Probe für die augenblickliche Werthschätzung derselben zu sein. Je mehr eine Reform den augenblicklichen Anschauungen der Steuerzahler, ja dem ganzen Volke entspricht, desto geringer ist der Prozentsatz der Reklamationen. Interessant ist diese Erscheinung bei dem Generalhufenschoss. Von allen an den König eingesandten sogen. Prägravationsklagen machen die aus dem zuerst katastrirten Amte Brandenburg 40 Prozent aus; die übrigen stammen fast nur aus den Aemtern, welche in den Jahren 1716 und 1717 eingerichtet sind. Aus den Jahren 1718 und 1719, in welchen zwei Drittel des Landes katastrirt wurden, sind fast keine vorhanden.

Im Jahre 1716, wo Graf Waldburg die „Klassifikation“ zum ersten Mal im Amt Osterode vornahm, bei der allerdings nur einige des Landes kundige Personen als Sachverständige mitwirkten, ist die Zahl der Prägravationsklagen ganz bedeutend geringer. Aus dem Jahre 1717, als schon ein Theil des Adels an den Klassifikationen theilnahm, waren noch weniger Klagen eingegangen. Aus den nächsten Jahren, wo der gesammte Adel, die Kölmer, Schulzen und einige Landgeschworene an der öffentlichen Klassifikation in jedem Amt sich betheiligten, sind fast keine vorhanden. Diese Zuziehung und Mitwirkung der Steuerzahler schien dem Rechtsbewusstsein und den Anschauungen derselben vollständig zu genügen. Es

[1]) Diese Akten sind während des Siebenjährigen Krieges nach Küstrin gebracht und bei dem Bombardement verbrannt.

lauten auch die Berichte der Kommission aus dieser Zeit übereinstimmend dahin, dass überall die öffentliche Klassifikation zur vollen Zufriedenheit der Steuerzahler geendigt und das Protokoll derselben willig unterschrieben worden sei.

Diese Erscheinung ist ein glänzendes und beredtes Zeugnis für die zweckmässige Entwickelung des Verfahrens seitens des Grafen Waldburg, das mit so schlichten und einfachen Anfängen im Amte Brandenburg begann.

Als sich anfangs die ungerechtfertigten Reklamationen gehäuft hatten, bat Waldburg gegenüber den masslosen Angriffen und Verdächtigungen den König, dass nur diejenigen Prägravationsklagen, welche von einem Notar beglaubigt wären, eingesandt werden dürften. Der König erliess diesen Befehl. Dagegen hatte Waldburg nach Schluss der Reform (1719), als die bisher nur im Konzept entworfenen Kataster definitiv ausgearbeitet wurden, ein regelmässiges Reklamationsverfahren eingeführt. Sobald nämlich die Kataster eines Amtes fertig gestellt waren, wurde von der Kommission ein Termin in Königsberg anberaumt, zu welchem der Amtshauptmann, der adelige Deputirte, sowie die Einsassen, welche Grund zu Klagen gegen diese Steuer hätten, zu erscheinen aufgefordert wurden. In diesen Terminen entschied die Kommission definitiv.

Die grossen Vortheile des Generalhufenschosses wären jedoch für die Steuerzahler, insbesondere die Bauern, illusorisch geworden, wenn die Missstände der ständischen Steuerverwaltung fortgedauert hätten. Reformen auf diesem Gebiete waren daher unbedingt nothwendig und Waldburg ging hier radikal vor.

Die Anzahl der Schosseinnehmer wurde verringert und die Bezirke derselben wurden gleichmässig abgegrenzt. Dagegen erhielten diese Steuererheber ein höheres Gehalt und den Titel Amtskommissar. Alle zweifelhaften und nicht integren Persönlichkeiten wurden beseitigt.

Als eine Mittel- und Kontrollinstanz zwischen diese Amtskommissare und das Kriegskommissariat schob man sieben Kreiskommissare ein. Diese hatten unter anderem die monatlichen Steuerlisten für die Amtskommissare auszuarbeiten. Alle Abweichungen, welche sich die Amtskommissare in diesen Listen zu Gunsten oder zum Nachtheil irgend welcher Steuerzahler fernerhin etwa erlauben sollten, wurden kontrollirt und streng untersagt.

Ferner führte Waldburg gedruckte „Quittbücher“ für die Steuerzahler ein, welche ebenfalls von den Kreiskommissaren ausgestellt und durch ihre Unterschrift beglaubigt wurden. Dadurch erhielt jeder eine untrügliche Gewissheit von der Höhe seiner Steuerlast. Um aber besonders die Bauern von den Schosseinnehmern unabhängig zu machen, bestimmte Waldburg, dass alle Steuern nicht wie bisher monatlich, sondern nur in den sechs Wintermonaten Oktober bis März, wo der Landmann seine Produkte verkaufen kann, zu je ein Sechstel abgetragen würden. Diese Massregel ist so populär geworden, dass sie noch heute im Volke bekannt ist und als etwas Besseres angeführt wird, ohne dass man natürlich ihre nähere Entstehung kennt.

Die Erhebung der Steuern geschah in folgender Weise. Von den königlichen Bauern nahm dieselben zunächst der Schulze ein, um sie an den Amtskommissar abzuführen. Die Kölmer und Freien zahlten direkt an den letzteren und ebenso der Adel, der zugleich die Steuern von seinen Bauern, die er selbst zu erheben hatte, entrichten musste. Die Bestimmung, dass der Adel für die Steuern seiner Bauern haften sollte, war bei den damaligen wirthschaftlichen Zuständen ebenso selbstverständlich wie diejenige, dass kein Bauernhof eingezogen, der Bauer davongejagt werden, oder die Stelle unbesetzt bleiben sollte.

Die ständische Zentralkasse, der Landkasten, endlich wurde aufgehoben bezw. mit dem Kriegskommissariat kombinirt, und die Mitwirkung der Stände, der sogen. adeligen Deputirten, beseitigt.

Graf Waldburg hatte hier wie in den anderen Verwaltungszweigen der Provinz einen neuen, integren, tüchtigen Beamtenstand zu schaffen gesucht. Er gehört trotz seines kurzen Staatsdienstes zu den wichtigsten und befähigtsten reformirenden Beamten Friedrich Wilhelms I.

Durch die Reformen eines genialen Praktikers ist hier die Steuerverwaltung und -erhebung den Verhältnissen streng angepasst, nach den Grundsätzen der Bestimmtheit, der Bequemlichkeit und der geringsten Erhebungskosten geregelt, welche in der Theorie doch erst von Ad. Smith[1]) in voller Klarheit und Schärfe formulirt sind.

---

[1]) Ad. Smith. Wealth of nations, vol. V ch. 2 part. 2.

Zweiter Abschnitt.

Die hinterpommersche Klassifikation

(1717—1719).

§ 1. Einleitung.

Im Herzogthum Pommern war das Steuerwesen[1]) im 16. Jahrhundert soweit ausgebildet, dass die einzelnen Stände, Adel und Städte, jährlich sich selbst bezw. das Vermögen ihrer Hintersassen einschätzten, und dass dann nach diesen profitirten Steuerobjekten die dem Landesherrn bewilligten sehr geringen Steuersummen repartirt wurden. Steuereinheit war dabei eine Hakenhufe, welche ursprünglich 15 Morgen Ackerland umfasste, hier aber bereits früh als eine fingirte Geldeinheit von der Grösse des ungefähren Ertrages eines 15 Morgen grossen Ackers auftrat. Nach dieser steuertechnischen Einheit wurden auch die Handwerker[2]) und kleinen Leute und die städtische Bevölkerung, bei welcher dieselbe Schattenhufe hiess, besteuert und die ursprünglichen Steuer-

[1]) Die folgende Darstellung stützt sich lediglich auf Urkunden des ehemaligen ständischen Archivs des altpommerschen Kommunalverbandes in Stettin und die Ministerialakten im Geh. Staatsarchiv zu Berlin. Schimmelfennig a. a. O. S. 617—628 bringt auch einige Notizen aus der Zeit von 1628 bis 1714 in verwirrter Reihenfolge. Er verlegt z. B. S. 619 die Lustration der Matrikel vom Jahre 1684, infolge eines, ich weiss nicht welchen bösen Zufalles, in das Jahr 1673 und weiss alsdann über das Jahr 1684 nichts zu sagen. Im übrigen kann ich mich Schg. gegenüber nur auf diese Akten des ehemaligen ständischen Archives berufen.

[2]) Das Vermögen eines			Müllers	wird gleich		1	Hakenhufe	gesetzt.
„	„	„	Krügers	„	„	1	„	„
„	„	„	Schmiedes	„	„	1	„	„
„	„	„	Schäfers	„	„	1/2	„	„
„	„	„	Hirten	„	„	1/2	„	„
„	„	„	Webers	„	„	1/2	„	„
„	„	„	Instmanns	„	„	1/2	„	„
„	„	„	Querners*)	„	„	1/2	„	„
			Ein Backofen	„		1	Hakenhufe.	

*) Inhaber einer Handmühle.

kataster angefertigt. Die den Herzögen bewilligten Steuern waren noch so unbedeutend, dass sie den Betrag von 6 Schill. auf die Hufe nie überschritten.

Von keinem Territorium gilt jedoch mehr der Satz, dass der Dreissigjährige Krieg das deutsche Volk Steuern zu zahlen gelehrt habe, als von Pommern. Als die Kaiserlichen 1627 das Land besetzten, versagte das bisherige Steuerwesen vollständig, und eine neue Steuergrundlage wurde nothwendig.

In dieser Nothlage griffen die damaligen Etatsräthe zu dem zunächstliegenden Mittel; sie rafften die eingeschickten und noch vorhandenen „Professionen“ und Landkastenregister aller Jahrgänge zusammen und stellten aus diesem Material die nach dem Rentmeister Kahlden sogen. Kahldensche Matrikel (1628) zusammen. Dabei nahm man bei jedem Amt, jedem Geschlecht und jeder Stadt die grösste Zahl an, welche in den nach dem Ab- und Zugang gewisser Steuerobjekte jährlich variirenden Professionen im Verlaufe der letzten Jahre angegeben worden war. So hatte man für das ganze Land ein Gesammtsteuerobjekt von mehr als 50 000 Hakenhufen festgestellt, ohne Rücksicht darauf, ob einzelne Steuerobjekte noch vorhanden waren oder nicht. Somit trug diese Matrikel den Keim der Ungenauigkeit, Unsicherheit und Ungerechtigkeit von Anfang an in sich. Ferner sollen die Etatsräthe bereits infolge von Konnivenz, Vetterschaft (des „casus pro amico“) manchen in dieser Matrikel besonders begünstigt haben.

In einem Bericht an den Grossen Kurfürsten, der vielleicht noch von einem Zeitgenossen herrührt, heisst es, dass „die Klugen sich zu Kopfe gestanden“ und gegenseitig sekundirt hätten, und die Dummen die Steuerlast sich aufhalsen liessen. Und während so die einen zu wenig zahlten, erlegten andere zu viel. Es hatten viele adelige Familien, um sich durch die grosse Zahl der Hufen im Lande ein Ansehen zu geben und durch den Steuerbetrag, der vor 1627 noch so gering war, den Herzögen besonders zu empfehlen, die Hufen ihrer Bauern doppelt, bezw. dreimal so gross regelmässig angegeben. Ebenso hatten Domänenbeamte, welche den Landesherrn durch grössere Einnahmen zu imponiren suchten, viele Amtsdörfer doppelt in ihren Anschlägen verzeichnet, so dass die Bauern die Pachtgelder z. B. statt von einer von zwei Hufen entrichten mussten. Da auch diese Beträge anfangs gering waren, so hatten die Bauern nicht besonders darauf geachtet.

Bald aber entstanden, als die Kahldensche Matrikel längere Dauer zu erhalten schien, überall die lautesten Klagen im Lande.

Trotzdem haben die Stände auf dem Landtage zu Stargard 1653, als sie über ein anderes Prinzip der Besteuerung nicht einig werden konnten, an dieser Matrikel — wobei die Ritterschaft $^{2}/_{5}$, die kurfürstlichen Aemter, die Städte und das Fürstenthum Kammin je $^{1}/_{5}$ von den 50 000 Hakenhufen übernahmen — festgehalten, in der Voraussetzung, dass es dem Lande nicht schädlich sein könnte, da sie dem Kurfürsten keine anderen als freiwillige Steuern zu leisten hätten. Als sie aber die harte Nothwendigkeit, wie es in einem Bericht eines kurfürstlichen Beamten heisst, eines anderen belehrte und man in Berlin an dieser Matrikel, von der man anfangs gar keine nähere Kenntnis hatte, wie an einem dauernden und unangreifbaren Kataster festhielt, sahen die Stände ein, welch „eine grosse faute“ sie zu Stargard begangen hatten. Sie fingen jetzt an, über die Mittel und Wege eines besseren Besteuerungsmodus nachzudenken.

Nachdem sie aber mit ihren egoistischen Plänen bei dem Grossen Kurfürsten nicht durchgedrungen waren, geriethen die einzelnen Kreise der Ritterschaft unter einander in Streit. Diejenigen Familien, deren Vorfahren aus Eitelkeit die Bauernhufen multiplizirt und das Kataster hochgeschraubt hatten, suchten sich nun an ihren Verwandten zu erholen und die Steuerlast auf dieselben abzuwälzen, wogegen sich diese nachdrücklichst verwahrten. Die Klagen dieser prägravirten Familien boten Anlass zu neuen Verhandlungen über die Besteuerungsfrage des ganzen Landes.

Bereits vor Ablauf des Jahres 1654 waren die Stände dabei in ihrem Reformeifer sogar soweit gekommen, dass sie sich über das zunächstliegende und beste Abhilfemittel einigten und eine geometrische Vermessung des Grund und Bodens beschlossen. Kaum war aber diese im Gange, so gelang es der ständischen Politik, dieselbe beim Grossen Kurfürsten zu hintertreiben.

Um weiteren Klagen einigermassen abzuhelfen, wurden seitens der kurfürstlichen Regierung sogen. Eintheilungen der Hufen bei einigen prägravirten Familien vorgenommen. Als sich aber in den folgenden Jahren die Klagen der überlasteten Familien immer mehr häuften und die Stände bei ihrer Verschiedenheit der Ansichten über die Besteuerungsfrage, bei ihrer politischen Verschlagenheit und Unlauterkeit der Motive zu keinem Resultat gelangten, suchte die kurfürstliche Regierung einseitig vorzugehen. Man beschloss, die Matrikel soweit thunlich zu durchlöchern. Auf Befehl des Kurfürsten wurden bei den „am meisten prägravirten Familien“ sogen. Reduktionen der Hufen vorgenommen.

Nach den theilweisen, aber im ganzen fruchtlosen Versuchen in dem Jahre 1664 — wo nach einem Bericht 415 Hufen abgesetzt wurden — und im Jahre 1673 gelangte man endlich auf dem Landtage 1684 zu einer umfassenderen Revision der Matrikel. Allerdings war die kurfürstliche Regierung inzwischen nie ganz unthätig gewesen. Es fanden weitere Verbesserungen im einzelnen statt, namentlich viele Vermessungen einzelner Dörfer und Städte. Wie weit diese Lokalvermessungen ausgedehnt worden sind, lässt sich, abgesehen von den Städten, nicht ersehen[1]).

Die sogen. Lustration der Hufenmatrikel von 1684, welche im wesentlichen nur zu Gunsten der Stände ausfiel, ist nur als ein Zugeständnis des Grossen Kurfürsten an die Stände anzusehen. Der Kurfürst genehmigte, dass eine Kommission von vier Mitgliedern aus den Ständen der Vorderkreise eingesetzt wurde, welche die Revision des Hufenstandes in den Hinterkreisen vornehmen sollte, und dass ebenso viele Deputirte aus den Hinterkreisen dieselbe Thätigkeit in den Vorderkreisen ausführten.

Man hatte sich inbetreff des modus procedendi nach der an die pommersche Regierung erlassenen Instruktion[2]) vom März 1684 dahin geeinigt, dass alle überlasteten Bauern und Käthner durch eine Reduktion ihres Hufenstandes entlastet oder erleichtert werden sollten. Hinsichtlich der Bauern hatte die Regierung zwei Klassen aufgestellt. Diejenigen, welche sich in den traurigsten Verhältnissen befanden, sollten um 50 Prozent und die anderen, etwas besser situirten, um 25 Prozent entlastet werden. Die Käthner, welche besonders arm waren, schätzte man um 25 Prozent geringer ein. Diejenigen aber, welche nicht mehr ihre Kathen besassen oder irrthümlich im Kataster verzeichnet waren, wurden aus der Steuermatrikel gänzlich gestrichen und frei gelassen.

Die Kommissare hatten zu diesem Zweck die einzelnen Dörfer bereist, nach dem Stand der Saaten sich ein ungefähres Bild über den Zustand der einzelnen Dorfschaften verschafft und untersucht, ob nicht durch vorhandene Viehzucht, Wiesenwachs, Fischerei, Nutzholz, Torf, Kohlenbrennen diese Einnahmen aus der Landwirthschaft kompensirt werden könnten. Die Ergebnisse dieser Beobachtung hatte die Kommission bei jedem Dorfe in einem Protokoll niedergelegt und ihr Gutachten abgegeben, ob und inwieweit eine Reduktion statthaben oder unzulässig sein sollte. Diese Gutachten sind alsdann auf dem nächsten Landtage 1685 den Ständen vorgelegt und durch eine besondere Kommission geprüft worden. Dieselbe bestand aus zwei Regierungsräthen und drei Mitgliedern der Stände, so dass die letzteren die Majorität hatten.

Nach dem Ergebnis dieser Gutachten, deren objektiver Werth nach der „vorhin geschehenen Vermessung“ beurtheilt werden sollte, nahm diese Kommission die Reduktionen der

---

[1]) Ich habe trotz alles Suchens nur zwei Vermessungsregister aus dieser Zeit in dem Staatsarchiv zu Stettin gefunden. Die Vermessungsakten der Städte sind daselbst fast vollständig vorhanden.

[2]) Siehe hinterpommersche Beilagen Nr. 1.

Hufen vor und stellte den neuen Hufenstand eines jeden Kreises fest.

Nachdem das Gesammtresultat dieser Revision der kurfürstlichen Regierung und den Kreisständen mitgetheilt und deren Erinnerungen berücksichtigt worden waren, stellte die Kommission die definitive Matrikel auf.

Gleichzeitig wurden aber auf diesem Landtage alle partikulären Kontrakte jedweden Namens verboten, die eine Uebertragung oder Veränderung des Hufenstandes zum Zwecke hatten, und eine Unterschlagung derselben involviren oder eine Konfusion veranlassen könnten.

Ebenso beschloss man, alle lokalen Abänderungen an dem Hauptwerk für die Zukunft zu verbieten, „ehe und bevor etwas mit Bestand könnte vorgezeigt werden, damit einmal ein beständiges Kataster beim Lande verbleibe".

Die Stände hatten alle Ursache, mit dem grössten Eifer an dieser Matrikel dauernd festzuhalten. Denn sie hatten von der ihnen eingeräumten Macht den ausgedehntesten Gebrauch gemacht. Die Vetterschaft und die Cliquenwirthschaft spielten bei diesen Reduktionen eine grosse Rolle, diese sogen. Lustration der Hufen war nur eine Revision per amicabilem compositionem, um einen damals üblichen Ausdruck zu gebrauchen.

Es sind in der That, ob errorem dupli, als Priesterhufen, wegen Versandung, Wasserschaden 207 und aus anderen Gründen 1234 Hakenhufen aus dem Kataster in Hinterpommern allein (ohne das Fürstenthum Kammin) entfernt worden. Der General Blankensee, der die spätere Reform vornahm, sagt inbetreff der praktischen Durchführung dieser Lustration: „1685 ist nur die Quantität, nicht aber auch die Qualität und Bonität der Hufen konsiderirt".

Interessant ist dabei eine Massregel des Grossen Kurfürsten, welche einen Eingriff in die privatrechtlichen Verhältnisse des Adels aus finanziellen Gründen darstellt. Der Grosse Kurfürst genehmigte nämlich den Vorschlag der pommerschen Regierung, dass bei denjenigen vom Adel, welche infolge eines leichtsinnigen und frivolen Lebens oder einer schlechten Wirthschaft verarmten, alle wüsten Bauernhufen oder ganze wüste Bauerndörfer für immer oder eine Zeit lang an andere, die sich anbauten und eine geordnete Wirthschaft führten, verpachtet werden sollten. Nach Ablauf der Zeitpacht sollte der Grundherr gegen Erstattung der Baukosten wieder in den Besitz dieser Hufen gelangen. Wenn aber wiederum keine Besserung desselben eintreten und die Kontribution nicht bezahlt werden würde, so hätte der Kreis diese Hufen in Kommunalbesitz zu übernehmen.

Es lag in der Natur der Sache, dass durch diese Lustration[1]) der Matrikel die bisherigen Klagen nicht beseitigt wurden; Beschwerden über Prägravationen wurden bald wieder überall laut. Der Wahrheitssinn und das Rechtsgefühl der edler gesinnten Minorität übte eine vernichtende Kritik an dieser Matrikel und verlangte immer wieder ein neues, gediegenes Kataster.

Trotzdem blieb dasselbe bis zum Jahre 1718 in Kraft. Dabei ist hervorzuheben, dass die Regierung Friedrichs I. infolge dieser Klagen wiederholt bemüht war, ein neues Kataster einzuführen. Man wollte aber nicht einseitig von Berlin aus vorgehen, sondern verlangte ernstliches Entgegenkommen und Unterstützung seitens der Stände. Da aber letztere im entscheidenden Moment immer auszuweichen wussten, so wurde die preussische Regierung bei neuen Beschwerden immer zurückhaltender.

Unter dem energischen Regiment von Friedrich Wilhelm I. wurde endlich Ernst gemacht. Zunächst reichte 1714[2]) der Präsident des pommerschen Kommissariats v. Massow ein allerdings unbedeutendes Projekt ein. Nach demselben sollen alle Hufen in fünf Klassen, ohne jede genauere Ertragsermittelung, klassifizirt werden. Es wurde in Berlin genehmigt, mit den Ständen berathen, eine Kommission ernannt und alle Vorbereitungen für die Durchführung desselben getroffen. Da reichte der Generalmajor v. Blankensee zusammen mit dem pommerschen Rath v. Grumkow ein neues Projekt[3]) ein. Dasselbe machte auf den König und die Minister einen so ausserordentlich günstigen Eindruck, dass alle Vorbereitungen redressirt, die Kommission aufgelöst und Blankensee mit dem Auftrag einer neuen Klassifikation der Hufen betraut wurde.

Allen bisherigen Vorschlägen gegenüber machte Blankensee die neue Idee geltend, den Reinertrag als die einzige Bemessungsbasis aller Steuern zu wählen, wobei aber nicht die Hufe, sondern der Reichsthaler als Steuereinheit anzunehmen und von demselben eventuell 40 Prozent als Steuer zu erheben seien.

Alle Personalsteuern, z. B. der „Nebenmodus", die „Quartalsteuer" usw., dagegen sollten aufgehoben sein. Es gelang aber Blankensee nur in Hinterpommern, diese letzteren zu beseitigen. Als er in Vorpommern die Quartalsteuer und den

---

[1]) Ich habe den Ausdruck Lustration überall in den Regierungs- und ständischen Akten nur auf die Arbeiten der Jahre 1684 und 1685 angewendet gefunden und nie in Beziehung auf das Jahr 1673.

[2]) Schimmelfennig a. a. O. S. 623—663 hat dieses Projekt abgedruckt zugleich mit einigen königlichen Ordern an Blankensee vom J. 1717.

[3]) Ich habe dieses Projekt und die anderen Kommissionsakten, welche Schimmelfennig a. a. O. S. 628 für verloren erklärt, in den Akten des ständischen Archivs des „altpommerschen Kommunalverbandes" aufgefunden, welche gegenwärtig in dem „königl. Staatsarchiv in Stettin deponirt" sind. Abgedruckt: Hinterpommersche Beilagen Nr. 2.

Nebenmodus aufheben wollte, stiess er auf den heftigsten Widerstand bei der Zentralregierung in Berlin selbst. Das preussische Gesammtministerium trat mit aller Energie für die Beibehaltung derselben ein, indem es sich dem König gegenüber auf die Thatsache berief, dass in allen anderen Provinzen und Territorien derartige Steuern unter den verschiedenartigsten Namen als Schutzgeld, Schattenhufen, Nahrungsgeld, Kopfsteuer usw. vorkämen.

§ 2. Das Verfahren der Kommission.

Im Mai 1717 wurde eine Kommission, an deren Spitze der Generalmajor v. Blankensee trat, behufs Klassifikation aller Hufen nach Pommern delegirt. Auf den speziellen Einfluss des letzteren hatte Friedrich Wilhelm I. angeordnet, dass neben den Baueräckern auch die Ritterhufen und deren Pertinenzstücke (Mühlen, Brauereien usw.) zu untersuchen seien, obgleich der Adel die Steuerfreiheit auch fernerhin geniessen sollte.

Kaum hatte aber die Kommission ihre Thätigkeit begonnen, als sie auf den grössten Widerstand der Ritterschaft stiess. Die meisten derselben weigerten sich überhaupt, Auskunft zu ertheilen. Gemeinsame Proteste und masslose Beschwerden über Blankensee wurden an den König abgesandt.

Friedrich Wilhelm I. gab nochmals die feierliche Versicherung ab, dass er an dem Privileg der Steuerfreiheit nicht rütteln wolle, aber an dem der Kommission ertheilten Befehl streng festhalten müsse.

Die Kommission nahm ihre Thätigkeit von neuem auf, aber vergebens. Der Adel verweigerte auch jetzt jede Auskunft und reichte neue, wiederholte Proteste ein.

Nach vielfachen Verhandlungen und dem Erlass verschiedener fast gleichzeitiger Kabinettsordern gab der König in dem Hauptpunkte nach. Er verzichtete auf die Klassifikation der Ritterhufen, verlangte aber die Annotation der Pertinenzstücke mit der Versicherungsklausel ihrer Steuerfreiheit. Allein auch dieser königliche Befehl blieb ohne jede Wirkung.

Die Ritterschaft beharrte bei ihrem Widerstand und griff nur zu dem Mittel neuer Proteste. Nach erneuten Verhandlungen gab Friedrich Wilhelm I. vollständig nach und ertheilte der Kommission den Befehl, auch die Pertinenzstücke unberücksichtigt zu lassen.

Hiernach blieb die Thätigkeit der Kommission nur auf die Untersuchung der Besitzverhältnisse der adeligen Bauern beschränkt. Im Oktober 1717 hatte die Kommission ihre Klassifikationsarbeiten in Hinterpommern vollendet und am 1. Januar 1718 trat diese Steuer in Kraft.

Im April desselben Jahres wurde Blankensee beauftragt,

eine Klassifikation nach denselben Grundsätzen in der Neumark vorzunehmen, welche Anfang 1719 zum Abschluss gebracht wurde[1]).

Im Juli desselben Jahres wurden diese Klassifikationsarbeiten auch auf das Fürstenthum Kammin und die sogen. „conquettirten Oerter", wo neben den adeligen auch die Domänenhufen katastrirt sind, ausgedehnt und vor Ablauf des Jahres zu Ende geführt.

Unsere Darstellung wird daher nur die steuertechnischen Gesichtspunkte in aller Kürze schildern, welche bei allen drei Klassifikationsarbeiten dieser Steuer vorkommen, die man als eine Grundsteuer mit geringer Berücksichtigung der übrigen Einkommenszweige des platten Landes bezeichnen kann.

Das Verfahren der Kommission war ein höchst einfaches. In jedem Kreise wurden an einzelnen Mittelpunkten desselben neben dem Adel, den Priestern, den Verwaltern sämmtliche Bauern und Käthner dörferweise in bestimmten Terminen vorgeladen. Die Bauern und Käthner wurden von ihren aus der Leibeigenschaft herfliessenden Pflichten gegen den Adel von der Kommission ad hoc entbunden, vereidigt und über bestimmte typische Fragen[2]), z. B. die Grösse und Bodenbeschaffenheit ihrer Ackerparzellen, die Brache, Aussaat, das Erntequantum, den Viehstand, die Frohnen, Zehnten usw., zu Protokoll genommen. Nur je ein Theil der Dörfer eines Kreises ward von der Kommission und dem Landrath bereist und ganz speziell in Augenschein genommen.

Als ferneres Material benutzte Blankensee die Steuermatrikeln von 1628 und 1685, die Lehnsrollen, die Steuerregister, Pachtverträge, die Lehnsbriefe, Taxen, Erbverträge und Inventuren.

Hieraus wurden steuertechnische Ertragsanschläge für die einzelnen Anwesen von der Kommission ausgearbeitet, wobei die „Pensions- und Dienstgelder nur pro adminiculo genommen" sind.

§ 3. Die Ermittelung des Reinertrages.

Das Prinzip dieser Steuer war die Feststellung des wirklichen Nettoertrages jeder Hufe, wie er sich aus der Verschiedenheit der Bonität und der wirthschaftlichen Lage der Aecker ergab. Zu dem Ende hatte die Kommission zunächst

---

[1]) Ich habe die Klassifikationsakten der Neumark nicht benutzen können. Dieselben sind im Geh. Staatsarchiv in Berlin nicht vorhanden, sondern nach einer Notiz im Repositorium „1811 abgegeben" an eine Behörde. Schimmelfennig a. a. O. S. 736 ff. hat die Instruktion für die Klassifikation der neumärkischen Kreise, das Kommissoriale für Blankensee und ein Fragment eines Berichts der Kommission veröffentlicht.

[2]) S. Hinterpommersche Beilagen Nr. 3.

den Reinertrag der einzelnen, ganzen, halben, „Viertel-Bauern“ und Kossäthen, welchen dieselben aus ihren Hufenparzellen gewannen, ermittelt. Dieser wirkliche Nettoertrag, welchen die Kommission ad hoc bei dem einzelnen konstatirte, wurde aber noch nicht als Steuerobjekt angenommen. Mit Rücksicht auf die Erfahrungsthatsache, dass bei jeder Einzelwirthschaft Unglücksfälle, Viehsterben und andere Zufälle vorkommen, hatte Blankensee von diesem Gesammtreinertrag stets 12 bis 15 Prozent als eine Art Gefahrenquote in Abzug bringen lassen. Der so gewonnene Nettoertrag ward als das steuerpflichtige Objekt angesehen; nach der Grösse desselben ist der Reinertrag der einzelnen Hufen fixirt. Die Feststellung des ursprünglichen Reinertrages aber setzte sich aus folgenden Elementen zusammen:

Von der ermittelten Aussaat und dem ganzen Ernteertrag der einzelnen Getreideprodukte: Weizen, Roggen, Winter- und Sommergerste, Hafer, Linsen, Wicken, Buchweizen, Lein und Hanf, wurde ein Korn für die Saat in Abzug gebracht. Von dem übrigen Erntequantum ward überall die Hälfte als für den Markt produzirt angesehen und als der steuerpflichtige Reinertrag angenommen, während die andere Hälfte zum Unterhalt des wirthschaftlichen Betriebes und für den häuslichen Konsum als nothwendig erachtet und nicht berücksichtigt wurde.

Dieser Naturalreinertrag der einzelnen Getreideprodukte wurde in einen Geldnettoertrag verwandelt, indem man die damaligen Getreidepreise der Berechnung zu Grunde legte.

Es ist klar, dass bei diesem einfachen und schematischen Verfahren die Produktionskosten per Flächeneinheit bei dem guten Acker, z. B. bei dem mit sechsfachen Körnerertrag, um mehr als um das doppelte grösser angenommen waren als beim schlechten Boden. Blankensee motivirt diese verschiedene Berechnung der Wirthschaftskosten durch die Thatsache, dass der bessere, schwere und strenge Boden mehr Arbeitskräfte, grösseres Kapital erfordere, als der schlechtere Acker.

Der Ertrag der Wiesen kam nur insofern in Anschlag, als der Ueberschuss an Heu, welcher zum Bedarf der Wirthschaft nicht erforderlich war, in Geld berechnet wurde.

Von dem vorhandenen Viehstand wurden bei je 24 Scheffel Aussaat vier Stück Zugvieh, welche zum Ackerbau für nothwendig erachtet waren, frei gelassen. Im übrigen nahm man nur dasjenige Vieh, welches über Winter gehalten wurde und zwar zur Hälfte als Milchvieh, zur Hälfte als güste an und schätzte es nach der Beschaffenheit der Weide in drei Klassen ein. Von den Schafen zählte man ebenfalls nur diejenigen, welche über Winter gehalten wurden, aus. Das Weidegeld aber, welches einzelne Bauern oder ganze Dörfer für die Benutzung der herrschaftlichen Weideflächen zu zahlen hatten, zog die Kommission von dem Reingewinn aus der Viehzucht ab. Den Ertrag aus der Schweinezucht und dem Federvieh veranschlagte man je nach der Grösse des Hofes zu $^1/_2$ bis $1^1/_2$ Thaler.

Endlich wurde der Ertrag aus den Hopfen-, Obst- und Küchengärten, Holzungen, der Bienenzucht, dem Kohlenschwelen, den Torf- und Rohrbrüchen und den Fischereien ermittelt.

Nach diesen wenigen Gesichtspunkten ward der Reinertrag aller Hufen fixirt. Das praktische Resultat ergab aber eine solche Mannigfaltigkeit der letzteren, dass, während bei der schlechtesten Hufe nur ein Reinertrag von 6 Thalern ausgefunden ward, die beste im Domkapitel Kammin mit 108 Thalern eingeschätzt wurde. Die Ertragsgrössen der schlechtesten und der besten Hufen des Landes verhalten sich also wie 1 : 18. Im einzelnen sei nach den Kreisen je der höchste und niedrigste Reinertrag pro Hufe neben einander gestellt; er betrug im:

1)	Domkapitel Kammin	108 Thlr.	16 Thlr.
2)	Belgard	100 „	10 „
3)	Greiffenberg	92 „	17 „
4)	Treptow	60 „	14 „
5)	Geschlecht v. Flemmingen	52 „	13 „
6)	Crembzowsche v. Wedelln	52 „	22 „
7)	Pyritz	50 „	19 „
8)	Stolp	50 „	6 „
9)	Stargard	48 „	10 „
10)	Grammnitzsche v. Glasenapp	48 „	10 „
11)	Neustettin	48 „	6 „
12)	Rügenwalde (städt. Eigenthum)	44 „	26 „
13)	Pyritz (städt. Eigenthum)	42 „	18 „
14)	Belgard (städt. Eigenthum)	40 „	34 „
15)	Domprobstei Kuckelow	40 „	16 „
16)	Schlawe (Kreis)	40 „	6 „
17)	Poltzin	40 „	6 „
18)	Geschlecht v. d. Osten	36 „	22 „
19)	Saatzig	35 „	12 „
20)	Grafschaft Naugard	35 „	7 „
21)	Regenwalde- u. Labessche v. Borken	34 „	9 „
22)	Greiffenberg (städt. Eigenthum)	32 „	17 „
23)	Freienwaldesche v. Wedelln	32 „	12 „
24)	Rummelsburg	32 „	11 „
25)	Daber	30 „	7 „
26)	Geschlecht v. Blücher	28 „	26 „
27)	Stolp (städt. Eigenthum)	28 „	14 „
28)	Schlawe (städt. Eigenthum)	22 „	20 „
29)	Pollnowsche v. Glasenapp	17 „	8 „

§ 4. Der Steuerfuss.

Die Kommission begnügte sich nicht, den ermittelten individuellen Reinertrag der einzelnen Hufen in der Matrikel zu vermerken, um danach die Steuersumme in Prozenten zu repartiren, sondern rechnete daneben diese festgestellten Nettoerträge in Geldeinheiten von 40 Thalern — von ihr sogen. „Hufen" — um, damit man in steuertechnischer Beziehung überall gleiche Steuerobjekte und bequemere Rechnung habe.

Auf diese Art wurden die Gesammtreinerträge der einzelnen Besitzer und Dörfer in eine Anzahl von Steuerhufen, welche lediglich Geldreinertragseinheiten repräsentirten, zerlegt, und hiernach der neue Hufenstand innerhalb der einzelnen Kreise berechnet.

Es kam dabei vor, dass mehrere Besitzer zu einer neuen Hufe gehörten, in anderen Fällen war die wirkliche Landhufe in mehrere dieser neuen Steuerhufen zerschlagen. Die Gesammtzahl derselben war seit 1722, nach Erledigung aller Reklamationen, auf 19 260 Landhufen für Hinterpommern, das Fürstenthum Kammin und die conquettirten Oerter Lauenburg und Bütow und Draheim schliesslich fixirt.

Nach der definitiven Repartition aller Steuerlasten, welche Hinterpommern im Jahre 1722 aufzubringen hatte, betrug der Steuersatz pro Hufe 13 Thlr. 15 Gr. oder 35 Prozent des Reinertrages [1]).

Dieser nominelle Steuerfuss, welchen der pommersche Bauer dauernd zu zahlen hatte, ist der grösste gegenüber allen anderen preussischen Provinzen.

Es taucht hier unwillkürlich die Frage auf: wie konnte der Bauer neben den grossen Frohnen und hohen Dienstgeldern, welche er an seinen adeligen Grundherrn zu leisten hatte, bei dieser Steuer wirthschaftlich existenzfähig bleiben?

Nach dem Urtheil der Zeitgenossen aber war der Generalmajor v. Blankensee wegen dieser Steuerreform in Preussen berühmt geworden. Nach dem allgemeinen Eindruck ist dieselbe allerdings für viel besser als die bisherigen Matrikeln und jedenfalls als eine grosse wirthschaftliche Reform anzusehen.

Ich möchte aus doppelten Gründen behaupten, dass der pommersche Bauer erst durch diese Steuer existenzfähig wurde und dauernd in einen etwas besseren Zustand gelangte. Zunächst könnte man an der Hand der konkreten landwirthschaftlichen Verhältnisse in Pommern geltend machen, dass der reelle Steuerfuss geringer war, als der nominelle. Der Bauer konnte aus den Pertinenzstücken, Weiden, Holzungen usw., welche hier zahlreicher und in grösserem Massstabe vor-

---

[1]) Hinterpommersche Beilagen Nr. 4.

handen sind als in anderen Provinzen, noch manche kleine Erträge sich verschaffen, welche ihm von der Steuerkommission nicht in Anrechnung gebracht waren. Er konnte im Sommer mehr Schafe, Jungvieh oder manches Stück Grossvieh auf der Weide ausfüttern und aus dem Erlös derselben im Spätherbst einen Gewinn erzielen, welcher in dem Kataster prinzipiell nicht berücksichtigt war.

Der andere Grund für die Besserung der Lage des Bauern war der Schutz der preussischen Regierung, welcher ihm jetzt gegenüber seinem adeligen Grundherrn zutheil wurde.

Abgesehen davon, dass durch das Prinzip des Reinertrages die frühere Steuerüberlastung besonders des schlechten Bodens, der so viel zahlte als der fruchtbarste, beseitigt wurde, ward auch auf v. Blankensees Antrag durch ein königliches Edikt bestimmt, dass der Adel von den bäuerlichen Hufen, welche er zu seinen Ackerwerken geschlagen hatte, alle Steuerlasten in Zukunft persönlich tragen musste, und dieselben nicht mehr auf seine Bauern abwälzen oder vertheilen durfte.

Es ist ferner klar, dass durch die Steuern, welche die Bauern zu zahlen hatten, der Adel in seiner Rente, die er in der Form von Dienstgeldern, Frohnen usw. von den Bauern erhielt, pro tanto verkürzt wurde. Infolge der Abstufung dieser Steuer nach dem Nettoertrag trat von neuem eine Verschiebung in der Einkommensvertheilung und dem Rentenbezug der Einzelnen ein. v. Blankensee selbst macht bereits in seiner Denkschrift[1]) hierauf aufmerksam.

Es war daher wenigstens erklärlich, dass der Adel für diese Einbusse sich in anderer Weise theilweise an den Bauern schadlos zu halten suchte. Einzelne Grundherren und selbst Landräthe nahmen nun ihren Bauern ein Stück Acker oder eine gute Wiesenparzelle oder andere Pertinenzstücke für ihre eigene Benutzung ab, andere gingen mit ihren Bauern Tauschverträge ein. Sie gaben ihnen dabei schlechteren Acker und liessen sich dafür besseres Land geben.

Blankensee, der durch sein gerades, offenes und leutseliges Wesen sich überall das Vertrauen der Bauern erworben und alles erfahren hatte, brachte diese Uebelstände neben anderen ans Tageslicht.

Auf seinen Antrag wurden durch ein königliches Edikt alle diese Tauschverträge und ähnliche Rechtsakte für nichtig erklärt und für diese Beschwerden der Bauern eine Art Verwaltungsjustiz an Stelle der gewöhnlichen Gerichte geschaffen. Jeder Landrath sollte die Klagen der Bauern annehmen und, da dieselben kein Geld zum Prozessiren hätten, schleunigst an das königliche Gericht nach Stargard übersenden.

---

[1]) S. Beilage Nr. 2 S. 96.

Vergebens erklärten die Stände dieses Edikt für einen Eingriff in ihre Rechte. Vergebens machten sie den König darauf aufmerksam, dass dadurch nur die Renitenz der Bauern vergrössert werde; umsonst beriefen sie sich auf den § 12 der Bauernordnung für ihr rechtmässiges Verhalten[1]).

Blankensee hatte ferner alle Frohnen, Dienstgelder, Zehnten der Bauern und Kossäthen in der Matrikel genau verzeichnen und den Ursprung derselben und alle späteren Erhöhungen besonders aufführen lassen. Dadurch bekam die Regierung bei allen künftigen Uebergriffen des Adels und Beschwerden der Bauern in dieser Beziehung offizielles Quellenmaterial[2]). Während der Adel früher von Zeit zu Zeit, so oft sich die wirthschaftliche Lage der Bauern etwas gebessert hatte, die Dienstgelder und Frohnen steigerte und seine Rente auf Kosten der letzteren vergrösserte, waren nunmehr die

---

[1]) Der § 12 der hinterpommerschen Bauernordnung von 1616, welchen ich nur als ein Beispiel juristischer Verschlagenheit des Ständethums anführen will, bestimmt über die Verhältnisse der Bauern folgendes: „Und obwohl in unseren Herzogthümern und Landen die Bauern keine Emphiteuticae und Erbzins- oder Pachtleute, besondere Leibeigene homines proprii et coloni glebae ascripti seynd und von den Hufen, Aeckern und Wiesen, welche ihnen einmal eingethan nur geringe jährliche Pächte geben, da entgegen aber allerhand ungemessene Frohndienste ohne Limitation und Gewissheit liefern müssen, auch sie und ihre Söhne nicht mächtig sein, ohne vorwissende Obrigkeit und Erlassung der Leibeigenschaft von den Hufen und dem Hof sich weg zu begeben, gleicher Gestalt auch die Güter, so den Bauern eingethan, keine Emphyteutica oder Erbzinsgüter sind, besonders die Hufen, Aecker, Wiesen und andere res soli einig und allein der Herrschaft und Obrigkeit jedes Orts gehören. Wie denn auch die Bauern und coloni gar kein dominium, nec directum nec utile, auch keine Erbgerechtigkeit nec ex contractu emphyteutico, nec libellario nec consensuali, weder eigenthümlich noch sonsten daran haben, viel weniger exceptionem perpetuae coloniae und dass sie und ihre Vorfahren über 50, 60, auch wohl 100 Jahre die Hufen bewohnt haben, vorwenden können: Derowegen da auch der Bauernsohn ohne Vorwissen der Obrigkeit als ihrer Erbherrn sich anderswo nicht niederlassen und domicilium nehmen möge: wie auch die Bauern, wenn die Obrigkeit die Hufen, Aecker und Wiesen zu sich wieder nehmen will, ohne alles Widersprechen folgen müssen."

[2]) Es existiren meines Erachtens von keinem anderen Territorium aus dieser Epoche so umfassende, gründliche und gediegene statistische Erhebungen über die Grösse, Zahl und Entstehung der Frohnen und Reallasten der leibeigenen Bauern und Käthner, welche in einer offiziellen Sammlung zusammengestellt wären, wie es bei dieser Steuermatrikel der Fall. Selbst bei dem kleinsten Bauern, der eine 3/16 Hufe besitzt, und Kossäthen jeden Dorfes sind die Lasten, welche aus seinem ursprünglichen Kontrakt fliessen, mit allen später hinzugekommenen Leistungen und Erhöhungen chronologisch geordnet und zusammengestellt. Wir erhalten dadurch nicht allein einen vollständigen, statistisch genauen Querschnitt der bäuerlichen Lasten aus dem Jahre 1717, sondern auch einen völligen Einblick in diese Zustände im 17. Jahrhundert. Wir finden dabei Gegenden, in welchen die Bauern dem nacktesten Egoismus preisgegeben sind, daneben aber auch Geschlechter, die in humaner Weise grössere oder geringere Vergünstigungen denselben zutheil werden lassen.

Bauern der Gefahr, in ihren Leistungen noch höher geschraubt zu werden, überhoben.

Die preussische Regierung war aber in Pommern aus besonderen finanziellen Gründen daran interessirt, den status quo der Lasten und Verhältnisse zwischen Adel und Bauern zu erhalten. Die bisherige Kontribution von den bäuerlichen Hufen hatten die Bauern selbst meist nur theilweise, z. B. ein Viertel, drei Achtel derselben, entrichtet, während der Adel den Rest auslegte. Dafür mussten aber die Bauern hohe Dienstgelder an die Herrschaft entrichten.

Die Steuerkommission hatte daher auch in der Matrikel stets die Bruchtheile der bisherigen Kontribution, welche die Bauern selbst zahlten, überall verzeichnet, und die königliche Regierung war von dem Wunsche beseelt, dass diese Lasten — Kontributionen und Dienstgelder — durch die neue Klassifikation nicht verändert oder zu Ungunsten der Bauern verschoben würden.

Der Generalmajor v. Blankensee machte daher dem Könige den Vorschlag: „Wenn nun dem zuwieder gehandelt oder die Bauern auch von der Herrschaft mit übermässigen Diensten und Auflagen belegt werden würden, könnten die Landräthe und Direktores wohl autorisirt werden, die Güter zu verpachten und den Pächter anzuweisen, zuerst die Kontribution von der Pacht abzuziehen und den Ueberrest der Herrschaft abzugeben."

Ich habe über die Regelung dieses Punktes kein Edikt vorgefunden, aber auch keine Klagen oder Denunziationen und Beschwerden der Bauern angetroffen. Infolge des Eingreifens der Staatsgewalt in die Verhältnisse der Bauern und Grundherren wagten die letzteren wohl nicht mehr, selbständig und eigenmächtig vorzugehen. Die Kontrolle war aber auch hier stets grösser als in anderen Provinzen.

Das grösste Uebel endlich für die Bauern war die Ueberlastung durch die Verpflegung der Kavallerie auf dem platten Lande. Die Bauern hatten dieselbe nicht nur, soweit sie auf ihren Hufen lastete, zu tragen, sondern auch von denjenigen, welche der Adel an sich gezogen hatte, zu übernehmen.

Es ist ein spezielles Verdienst des Generalmajors v. Blankensee, der wie der vorzüglichste Verwaltungsbeamte das Detail der praktischen Verwaltung vollständig übersah und die Verhältnisse, Bedürfnisse und den Zustand jedes Einzelnen kennen lernte, dass die Bauern von dieser unerträglichen Last so früh befreit wurden.

Er erwirkte zunächst ein Edikt (1718) vom Könige, wonach der Adel gezwungen wurde, von den eingezogenen Bauernhufen persönlich diese Lasten „der Marche, Einquartirung, Verpflegung der Kavallerie" sowie die Kontributionen zu tragen.

Blankensee gehörte zu den energischsten Vorkämpfern

für die Verlegung der Kavallerie in die Städte; er wollte durch eine Art Ablösung in Geld die Bauern von dieser Last befreien. Bereits in dieser Matrikel 1717 lässt er überall 2 Thlr. pro Steuerhufe zu diesem Zwecke eintragen.

Wir ersehen aus diesen Thatsachen, dass die Steuerreform in Hinterpommern die Rente des Adels verkürzte, die Steuerlast gleichmässiger vertheilte und die Bauern nicht schädigte, sondern deren Lage sogar noch etwas verbesserte. Wenn diese Klassifikation nicht durchgeführt wäre, so hätten die Bauern noch grössere Frohnen und Dienstgelder leisten müssen, während jetzt ihre Lasten genau geregelt, fixirt und kontrollirt waren.

Der sogenannte aufgeklärte Despotismus benutzte diese Katasterarbeiten überhaupt zugleich als einen Hebel, die Bauern freier und wirthschaftlich unabhängiger zu machen, um sie zu ökonomisch selbständigen Individuen innerhalb des Staates auszubilden.

Dritter Abschnitt.

Die Steuerreform in Vorpommern

(1691—1717).

§ 1. Einleitung.

In Vorpommern[1]) war die Kahldensche Landesmatrikel von 1628 von keiner langen Dauer. Das Land hatte hier unter den Folgen des grossen Krieges zu sehr gelitten. Die meisten Bauern waren vertrieben oder geflohen und die Hufe daher ein zu unsicheres Steuerobjekt. Man griff deshalb zu anderen Steuern, zu Vermögens-, Vieh- und Kopfsteuern. Daneben wurde aber auch für das platte Land noch die Akzise in natura eingeführt, welche jedoch 1639 in eine Geldakzise umgewandelt worden ist und dadurch weniger drückend wurde. Wegen der grossen Unterschleife und Plackereien entschloss man sich endlich an ihre Stelle 1672 eine wenig abgestufte Personal- und Klassensteuer, die sogen. „Quartalsteuer" zu setzen[2]).

Dieselbe wurde von allen, auch von dem Adel getragen.

Neben dieser Quartalsteuer, welche vornehmlich auf den kleinen Leuten lastete, wurde wieder der sogen. Nebenmodus eingeführt, wie man es aus dem 1672 publizirten gedruckten Reglement über die Erhebung desselben ersieht. Diese Steuer, ursprünglich hervorgegangen aus den Türkensteuern, wurde jetzt nur von den Handwerkern und kleinen Leuten aufge-

---

[1]) Ueber die hier benutzten Akten s. S. 77 Anm. 2. — Schimmelfennig a. a. O. S. 651—654 enthält einige verwirrte Thatsachen und manche Unrichtigkeiten.

[2]) Die Stände, besonders der Adel, bekämpften diese Quartalsteuer, durch welche sie nur mässig getroffen wurden, wiederholt auf das heftigste und verwahrten sich dagegen, „dass sie nicht später in eine Vermögenssteuer entarte". Etwas Analoges finden wir in der jetzigen preussischen Klassen- und klassifizirten Einkommensteuer, welche bekanntlich aus einer Mahl- und Schlachtakzise (1810) hervorgegangen ist.

bracht. Sie war nach Köpfen unter Freilassung der gebrechlichen, alten Personen und der miserabiles, und nach der Zahl und Art des Viehstandes umgelegt und erhoben.

Ferner war man wieder nach dem Jahre 1650 zu einer Hufensteuer zurückgekehrt. Man nahm dabei willkürlich bald 1000 bald 2500 Hufen als Gesammtsteuerobjekt für das ganze Land inklusive der Städte an, „die man ex bono et aequo nach Beschaffenheit der Dörfer repartirt“ hatte, während die Unterverteilung den einzelnen Ständen überlassen blieb, und den Anlass zu den grössten Klagen gab.

Nachdem man auf den Landtagen von 1661, 1669 und 1672 wiederholt über dieses mangelhafte Besteuerungsverfahren berathen hatte, entschloss man sich endlich 1681 zu einer radikalen Reform.

Es hatten sich nämlich endlich die Stände von ganz Vorpommern mit der schwedischen Regierung über eine Steuerreform definitiv geeinigt, welche auf der Basis einer geometrischen Vermessung des ganzen Landes durchgeführt werden sollte. Eine Instruktion für die Steuerkommission wurde sogleich entworfen, berathen und genehmigt.

Die unverzügliche Inangriffnahme des Werkes aber verstanden die Stände zunächst durch ihre Verschleppungspolitik zu hintertreiben. Erst im Jahre 1691 wurden die Vermessungsarbeiten begonnen und 1693 völlig beendet. Die weitere Durchführung der Katasteroperationen gelang es jedoch den Ständen wieder zum Stillstand zu bringen.

Im Jahre 1703 wurden aber diese Arbeiten wieder aufgenommen und 1708 war das ganze Werk fast vollendet. Es blieb nur noch eine grössere Anzahl zweifelhafter Fälle, vornehmlich privatrechtlicher Natur, zur Erledigung übrig. Die für Schweden unglückliche Wendung des nordischen Krieges in diesem Jahre brachte die Thätigkeit der Kommission sogleich ins Stocken.

Nachdem nun 1715 die faktische Besitzergreifung von Vorpommern diesseits der Peene durch Preussen erfolgt war, wurde 1717 eine Kommission unter dem Vorsitz des Generalleutnants v. Borke zur Beendigung „dieses Werkes“ ernannt. Diese preussische Kommission setzte an dem Punkte wieder ein, wo die schwedische ihre Arbeiten hatte unterbrechen müssen. Die zur Erledigung verbliebenen zweifelhaften Fälle wurden mit Rücksicht auf die Wünsche der Stände entschieden, und die Kataster zum völligen Abschluss gebracht. Am 1. Juli trat diese Steuer in Kraft.

Dieselbe gehört zu den interessantesten Grundsteuern des 18. Jahrhunderts. Sie ist basirt auf dem Parzellar-Rohertragskataster, wobei aber alle Kulturarten, Aecker, Wiesen usw., aus steuertechnischen Gründen auf eine reale

Einheit, den Morgen der besten Ackerklasse, je nach ihrer Bonität und Ertragsfähigkeit reduzirt wurden.

Es ist überall eine Individualschätzung der einzelnen Parzellen, nachdem eine gänzliche Vermessung stattgefunden hatte, dieser Operation vorangegangen. Daher haben diese Arbeiten eine relativ so lange Zeit in Anspruch genommen.

Diese Steuer ist aber keine reine Grundsteuer; die Einnahmen aus den übrigen Einkommenszweigen, der Viehzucht, den Pertinenzen, Brauereien, Mühlen, Krügen, Holzungen usw., sind ebenfalls ermittelt und bei den Reduktionen überall berücksichtigt.

Wir werden daher am passendsten zunächst die Ergebnisse der Vermessungsarbeiten in aller Kürze betrachten.

§ 2. Die geometrische Vermessung des Landes.

Die geometrische Vermessung erstreckte sich auf ganz Vorpommern und wurde in einer höchst exakten Weise durchgeführt.

Eine Anzahl schwedischer Geometer, welche in Stockholm zu diesem Zweck ausgebildet und in der Landwirthschaft erfahren waren, wurde 1691 nach Vorpommern abgesandt, um eine geometrische Aufnahme nach der in Schweden üblichen Methode vorzunehmen. Jedem Geometer ward ein Distrikt zur Spezialvermessung überwiesen. Der Direktor der Kommission hatte, um Fehlern bei der Detailvermessung gegen die allgemeine geographische Lage vorzubeugen, an verschiedenen Orten die Längen- und Breitengrade fixirt. Die Ermittelung der Längengrade aber geschah vermittelst der Berechnung der astronomischen Mittagslinie bis auf einzelne Bruchtheile einer Minute; bei der Feststellung der Breitengrade wurden die Polhöhe und die Elevation gemessen [1]). Als Einheitsmass wurde eine pommersche Ruthe angenommen, welche 15 rheinische Fuss oder ungefähr 8 pommersche Ellen gross ist; 300 Quadratruthen bildeten einen Morgen.

Um eine gleichmässige und exakte Aufnahme des ganzen Landes zu erzielen, bereiste der Direktor fortwährend die einzelnen Distrikte, überprüfte die ihm zugesandten Karten und Konzepte, wobei er Revisionen an vielen Orten anstellte.

---

[1]) Ausführliches über die Technik der Vermessung kann ich nicht mittheilen, da ich nur eine höchst unvollständige Uebersetzung der Instruktion für die Feldmesser im Geh. Staatsarchiv zu Berlin vorgefunden habe. Dieselbe ist von dem preussischen Kommissar v. Laurens verfasst, der alle auf die Technik bezüglichen Paragraphen als überflüssig ausliess. Ich habe das Original dieser Instruktion vergebens in Stettin gesucht. Dasselbe scheint nebst den fehlenden Akten noch in Stockholm vorhanden zu sein. Nach einer Notiz in den Akten sind die Sachen von Neuvorpommern von Lagerström 1729 nach Stockholm gesandt.

Die Spezialvermessungen hatten die Grösse der einzelnen Dörfer oder Güter zum Objekt. Von jedem Dorfe bezw. Gut wurde eine besondere Karte entworfen, von welcher dem Eigenthümer eine Kopie übergeben[1]) wurde.

Nachdem die Fixirung der Grenzen unter Theilnahme der Eigenthümer und aller Interessenten erfolgt war, ging der Geometer zu einer Detail- und Parzellarvermessung über.

Es erfolgte zunächst die Aufnahme der Situation des Dorfes, der einzelnen Höfe und ihres Areals und die Ausmessung der Dorf- und Heerstrassen, der Vizinal- und Privatwege.

Hierauf sind die einzelnen Kulturarten: Aecker, Wörden, Wiesen, Waldflächen, das Oedland, Moräste, Seestücke, Teiche, Pfühle, Gräben usw., in ihrem Umfang ausgemessen und nach ihrer Grösse berechnet. Alsdann ging der Kommissar zu einer Parzellarvermessung der Aecker über.

Zunächst wurden die einzelnen Schläge und Stücke aufgenommen; die ersteren sind wiederum nach der Verschiedenheit der Bonität (schwarze oder mit Sand vermengte Erde, starker, strenger Lehmacker, Vosserde, schluppigter, kaltgründiger, mit Steinen beschwerter Acker usw.) in verschiedene Klassen eingetheilt.

Jede dieser Parzellen ist besonders vermessen, ihre Grösse berechnet und auf der Flurkarte des Dorfes durch eigene Lettern, Nummern und Zeichen fixirt.

Nach Erledigung dieser Arbeit erfolgte eine neue Parzellarvermessung der Aecker nach ihrer rechtlichen Qualität. Die Ritter-[2]), die Kirchen- und Pfarräcker, sowie die Bauernländereien wurden nach ihrem Umfang abgegrenzt.

Alsdann wurden die Parzellen, welche die einzelnen Bauern besassen, festgestellt und durch subtile Striche, Punkte und Zeichen auf der Karte markirt. Einer ähnlichen Parzellarvermessung wurden die Wiesen und Weideflächen, die Waldkomplexe und die wüsten Ländereien unterworfen.

Die Wiesenparzellen theilte man nach dem Graswuchs und der Bodenbeschaffenheit in Klassen ein und unterschied sie durch besondere Zeichen auf der Karte. Man trennte

---

[1]) Diese Spezialkarten, die nach dem Massstab 1 : 8200 entworfen und mit fünf Farben illuminirt wurden, sind in dem königl. Staatsarchiv in Stettin noch vollständig vorhanden. Ein Vergleich derselben mit den heutigen Generalstabskarten lässt ihren gediegenen Werth deutlich erkennen. Vgl. auch Meyer, Stettin zur Schwedenzeit, Stettin 1886, S. 4.

[2]) Bezüglich der Ritterhufen war das Jahr 1600 als Normaljahr angenommen. Alle Hufen, welche nach 1600 zu den Rittergütern geschlagen worden sind, wurden als bäuerliche angesehen und katastrirt. Jeder musste durch Urkunden oder als beweiskräftig anerkannte Indizien (Kirchenmatrikeln, Lehnrollen, Zeugenaussagen alter Leute) nachweisen, dass die von ihm prätendirten Ritterhufen schon vor 1600 diese Qualität gehabt hatten.

ferner die reinen Wiesen von den mit Weiden bewachsenen (Werften) oder mit Gesträuch und einzelnen Holzarten bestandenen. Die Theile derselben, welche des Ausrodens oder grösserer Meliorationen werth schienen, hob man besonders auf der Karte hervor. Alle vorkommenden Brüche, Moräste, Stein- und Bergketten, Gräben, Pfühle stellte man in ihrem Umfang fest und zog dieselben von dem Flächeninhalt dieser Parzellen ab.

Bei den grossen, mehreren Dörfern gemeinsamen Wiesenflächen wurden zunächst die Grenzen für die einzelnen Dörfer fixirt, und diese getheilten Partien auf besonderen Spezialkarten aufgenommen, welche den Flurkarten der Dörfer beigelegt wurden. Die Namen der Wiesenkomplexe, welche sie damals oder von Alters her gehabt, wurden auf diesen Karten auch angegeben.

Die Vermessung der Wälder wurde ebenfalls höchst genau durchgeführt. Der Geometer musste zuvörderst die geologische Beschaffenheit des Waldbodens, ob er humushaltig, sandig, steinig, morastig usw. war, untersuchen und die Grösse und Ausdehnung dieser Parzellen ausmessen. Die Partien, welche zur Weide, zu Wiesenflächen oder zum Acker geeignet und des Ausrodens werth waren, wurden besonders markirt. Ferner grenzte man die Waldparzellen, welche vorwiegend mit bestimmten Baumarten: Eichen, Buchen, Fichten, Tannen, Eschen und Birken, bestanden waren, besonders ab. Die Theile derselben, welche zu industriellen und gewerblichen Zwecken, z. B. Glashütten, der Fabrikation von Pottasche usw., Moldenhauen, Theerbrennen, dienten, bestimmte man nach ihrem ungefähren Umfang. Das Stab- und Nutzholz, das Mast- und Schiffbauholz wurde durch subtile Striche und Punkte angedeutet.

§ 3. Die Ermittelung des Bruttoertrages der Parzellen.

Sobald der Geometer die Aufnahme der ganzen Flurfläche eines Dorfes, Ackerwerks, einer Meierei, Holländerei vollendet hatte, schritt er zur Anfertigung der sogenannten „Feldregister“ [1]).

Er entwarf zunächst ein Verzeichnis aller Besitzer, des Adels, der ganzen, halben, Viertelbauern und Kossäthen und gab bei den wüsten Stellen und Dörfern die Zahl der früheren Bauern an. Bei den Bauern und Kossäthen wurden ferner

[1]) Dieselben sind in schwedischer Sprache abgefasst, aber noch mit deutschen Buchstaben geschrieben, im Staatsarchiv in Stettin vollständig vorhanden. Die „Schlussprotokolle“ sind dagegen in deutscher Sprache entworfen und noch theilweise in dem ständischen Archiv des „altpommerschen Kommunalverbandes“ aufbewahrt.

auch die Frohnen, Hand- und Spanndienste, Zehnten, Dienstgelder aufgezeichnet. Hierauf erfolgte die Beschreibung der Situation des Dorfes, ob es im Walde oder auf der Ebene belegen sei. Es wurden die Entfernungen von der nächsten Handelsstadt oder Festung, von der grossen Anwehr und der Landstrasse festgestellt und die Dorf- und Nebenwege beschrieben. Gleichzeitig bemerkte man, welche Produkte das Dorf am allermeisten und mit Vortheil zur nächsten Stadt bringen konnte.

Nach Angabe dieser allgemeinen Merkmale erfolgte die spezielle Beschreibung der einzelnen Parzellen. Dieselben wurden nach ihrer Grösse, Lage, Bodenbeschaffenheit und Ertragsfähigkeit geschildert und taxirt.

Dabei wurde besonders die Lage der einzelnen Parzellen, ihre grössere oder geringere Entfernung vom Dorf angegeben.

Bei der Beschreibung der Ertragsfähigkeit hatte der Geometer zunächst festzustellen, ob die Hälfte oder ein Drittel der Hufe jährlich besät wurde, und dann die Aussaat und das Erntequantum der einzelnen Getreideprodukte: Weizen, Roggen, Gerste, Hafer, Erbsen, Bohnen, Buchweizen, Hirse, Linsen und Flachs, zu erforschen. Zu diesem Zwecke wurden von ihm die Eigenthümer, Priester, Pächter, Schulzen, Vögte, Krüger, alte aber doch verständige Leute vernommen und schriftliche Aufzeichnungen aus dem Archiv oder den Wirthschaftsbüchern benutzt. Es war ihm ferner ausdrücklich die Freiheit eingeräumt, während der Saat- und Erntezeit und im Winter, wenn gedroschen wurde, Beobachtungen anzustellen, Proben und Berechnungen vorzunehmen um über die lokale Wirthschaftsart sich vollständig zu orientiren. Nur sollte er dabei seine Absicht möglichst geheim halten und niemandem lästig fallen.

Auf Grund dieses Materials der eigenen Beobachtungen und Berechnungen hatte schliesslich der Geometer die Ertragsfähigkeit, den Bruttoertrag der einzelnen Parzellen abgeschätzt, unter die vorgeschriebenen Bonitätsklassen subsumirt und deren Morgenzahl reduzirt (vgl. § 4 unten).

In ähnlicher Weise wurden ferner die Erträge der Wiesen- und Weideflächen katastrirt. Bei den Wäldern suchte man dagegen festzustellen, wieviel jährlich ohne Ruin des Bestandes entweder zum Hausbedarf oder zum Verkauf geschlagen werden konnte. Der Erlös aus dem Mast- und Schiffbau-, Stab- und Nutzholz, der Gewinn aus der Eichelmast, aus Moldenhauen wurden nach den individuellen Verhältnissen taxirt und angenommen.

Hinsichtlich des unkultivirten Ackers stellte man fest, ob derselbe immer oder nur wenige Jahre, ob er infolge des Krieges oder aus anderen Ursachen unbebaut dalag, aber doch „cultivable“ war. Bei dem als unbrauchbar bezeichneten Acker gaben die Geometer ihr Gutachten ab, inwieweit derselbe, wenn er gerodet oder gebrannt und unter Dünger gehalten würde, zu Acker gemacht werden oder zum Unterhalt einer Schäferei dienen könne. Endlich ward der Ertrag der Baum-, Lust- und Küchengärten, der Torf- und Rohrwerbung, der Fischerei, der Wasser-, Wind- und Schneidemühlen, der Krüge und Kruglagen ermittelt. Ferner wurden auch die Ziegeleien, Theeröfen, Papier- und Walkmühlen, Glashütten und Kupferhämmer und die Kalköfen nach ihrem gewöhnlichen Einkommen taxirt.

§ 4. Die Reduktionen der Hufen.

Das Eigenthümliche an dieser Steuer waren nun folgende steuertechnische Momente. Es waren 10 Bonitätsklassen für das ganze Land aufgestellt; unter eine dieser Ackerklassen wurde jede Parzelle ihrer Bodengüte und Ertragsfähigkeit nach subsumirt und deren Morgenzahl reduzirt.

Um ein überall gleichmässiges Steuerobjekt und eine gleiche Einheit zu haben, nach welcher die Gesammtsumme leicht repartirt werden könnte, ist hier eine N o r m a l h u f e als reale Einheit angenommen. Dieselbe umfasste 30 Morgen zu 300 Quadratruthen der ersten Bonitätsklasse des guten Ackers, also einen quantitativ bestimmten Bruttoertrag. Da nun in den neun übrigen Ackerklassen die Bodengüte eine schlechtere und der Rohertrag ein geringerer war, musste man, um überall diese Normalhufen bilden zu können, eine Reduktion der Morgenzahl innerhalb der verschiedenen Klassen, d. h. die geringere Qualität der Parzellen durch eine grössere Quantität kompensiren. Daher wurde diese Morgenzahl innerhalb der 10 Klassen nach folgendem Schema reduzirt:

I. Die erste Hauptklasse umfasst den guten und allerbesten Acker, und die Landhufe hat 30 Morgen zu 300 Quadratruthen;

II. Die zweite Hauptklasse enthält den mittelmässigen Acker in folgenden Unterklassen:

1) in dieser Klasse wird zu jedem Morgen $^1/_3$ Morgen zugelegt, und die Landhufe hat hier 40 Morgen;
2) in der zweiten $^1/_4$ Morgen 37$^1/_2$ „
3) in der dritten $^1/_5$ „ 36 „
4) in der vierten $^1/_6$ „ 35 „

III. Die dritte Hauptklasse begreift den schlechten und schlechtesten Acker in 5 Klassen:

1) in der ersten Klasse werden 2 Morgen auf 1 gerechnet und die Landhufe hatte 60 Morgen;
2) in der zweiten Klasse 3 Morgen auf 1 = 90 „
3) „ „ dritten „ 4 „ „ 1 = 120 „
4) „ „ vierten „ 5 „ „ 1 = 150 „
5) „ „ fünften „ 6 „ „ 1 = 180 „

Die letzte Klasse umfasst den wüsten und noch nicht aufgerissenen Acker.

Die allen Klassen gemeinsame gleiche Normalhufe ist also eine Einheit eines quantitativ bestimmten Bruttoertrags für Steuerzwecke, oder konkret ausgedrückt, eine Landhufe des besten Ackers.

Unter eine dieser Klassen wurden alle Parzellen in Vorpommern subsumirt und nach obigem Schema auf die bestimmte Anzahl Morgen reduzirt.

In dieser Art wurden die Ländereien eines jeden Besitzers, deren Grösse zunächst nach Quadratruthen vermessen war, nach der Bonität der einzelnen Parzellen auf eine Anzahl dieser steuerpflichtigen Normalhufen gebracht.

Hervorzuheben ist hierbei, dass der Ertrag der Pertinenzen (Mühlen, Schäfereien, Krüge, Brauereien, Eichelmast usw.), welche bei den einzelnen Anwesen vorhanden waren, dem Bruttoertrag der einzelnen Parzellen zugerechnet wurde. Daher fand bei den letzteren oft keine Reduktion statt, oder sie wurden in eine höhere Klasse gebracht, als sie es ohnedies verdienten.

Auf diese Weise wurde der Ertrag aller Nebeneinkünfte berücksichtigt und das gesammte Einkommen des platten Landes, soweit es steuerpflichtig war, auf das steuertechnische Hilfsmittel einer Normalhufe zurückgeführt. Soweit war das Werk 1693 durch die Geometer in den einzelnen Kreisen gefördert.

Im Jahre 1703 trat eine Kommission unter dem Vorsitz des Direktors Lagerström in Stettin zusammen, an welcher der Chef der Geometer, ein Notar und zwei Mitglieder der Stände jedes Distrikts als Vertreter der Ritterschaft und der Städte theilnahmen. Nachdem eine schriftliche Erklärung des Eigenthümers, ob er mit dieser Vermessung und den Ergebnissen der Feldregister zufrieden wäre oder nicht, eingefordert und nöthigenfalls eine Revision oder eine neue Vermessung angeordnet worden war, setzte die Kommission nach Benutzung der Kirchenmatrikeln, Lehnbriefe, Pfandverschreibungen, Pachtverträge, brüderlichen Theilungen, geistlichen Taxen die Zahl der steuerfreien und der reduzirten Hufen in einem „Schlussurtheil“ definitiv fest.

Gegen diese Urtheile war den Ständen der ordentliche Rechtsweg, eine Berufung an das königliche Tribunal in Wismar, eingeräumt. Dieser Gerichtshof verschaffte sich durch eine nochmalige Revision, Lokaluntersuchung und eingezogene Nachrichten die Ueberzeugung, ob die Reklamation berechtigt sei oder nicht, und bestätigte oder änderte den Beschluss der Klassifikationskommission ab. Der Adel machte von diesem Rechtsmittel den reichlichsten Gebrauch, und es kam zu einzelnen berüchtigten Prozessen, unter denen der v. Eichstädtische besonders bekannt geworden ist.

Bezüglich der wüsten Aecker, welche allmählich zur Kultur herangezogen wurden, ward eine Revision, die alle zehn Jahre statthaben sollte, festgesetzt. Dieselbe wurde 1693 und 1703 und alsdann zum letzten Male 1738 vorgenommen.

Das Resultat dieser geometrischen Vermessung war folgendes. Im Jahre 1681 war ein interimistischer Hufenstand von 1297½ reduzirten oder 3852 Landhufen angenommen worden; die Gesammtzahl der steuerpflichtigen Hufen betrug jetzt 4452[1]), also 600 reduzirte Hufen mehr, welche der Adel bisher der Steuer entzogen hatte. Im Jahre 1738 wurde die definitive Zahl der Steuerhufen auf 4601 bestimmt. Während der schwedischen Herrschaft hatte eine Hufe 14 Rthl., seit 1715 20—24 Rthl. bezahlt. Alle Steuern und Lasten, welche eine Normalhufe zu tragen hatte, nämlich: Kontributions-, Kavallerie-Verpflegungs- und Fortifikationsgelder, und Extraordinaria betrugen 17²/₈ Thaler. Die Belastung war infolge der Katastervollendung 25% geringer geworden als bisher[2]). Da aber der Reinertrag dieser Normalhufen sich nicht ermitteln lässt, so kann man den nominellen Steuerfuss nicht mehr feststellen.

Im schwedisch gebliebenen Neuvorpommern jenseits der Peene waren von der Kommission 5727 steuerpflichtige und 1185 steuerfreie Hufen ausgemittelt worden.

Hierbei mag endlich nicht unerwähnt bleiben, dass das preussische Generalkriegskommissariat diese Steuer gegenüber den Angriffen der Stände in wiederholten Resolutionen vertheidigte und Friedrich Wilhelm I. den Vorschlag machte, in allen noch übrigen Provinzen eine gleichartige Steuer einzuführen: „Ob nun jemals eine Matrikel, worauf die Krone Schweden 100 000 Thaler Vermessungs- und Commissionskosten verwandt, mit besserem Fundament und mehrerer Gleichheit in Teutschland gemacht wäre, daran müssen wir billig zweifeln,

---

1) Ich fand wiederholt in den preussischen Akten folgende amtliche Zusammenstellung:

(Tabelle siehe S. 62.)

2) Im Jahre 1741 finde ich angegeben, dass die vorpommersche Hufe zahlte:

1) Kontribution monatlich 12 Gr.	= 6 Thlr.	—	Gr.
2) Dragonerverpflegung monatl. zu 12⅕ Gr.	= 6 Thlr.	1½	Gr.
3) Justizgelder		2¼	Gr.
4) Marschkosten		8⅙	Gr.
5) Distriktsexpensen		12	Gr.
6) Fortifikationsgeld		5¹/₁₂	Gr.
7) Magazinkorn 1 Schff. 13½ Metzen: Schff. zu 12 Gr. =		22½	Gr.
zus.	14 Thlr.	4½	Gr.

weil uns dergleichen niemals vorgekommen und wäre nach unserer Meinung zu wünschen, dass Ew. Königliche Maj.

Der Hufenstand von Vorpommern (1717).

Namen der Distrikte	älterer Hufenstand nach reduzirten Hufen, deren jede 3 Landhufen austrägt		neuer aus den Agrimensurbüchern gezogener Hufenstand nach Landhufen zu je 30 Morgen			Ritteracker nach Landhufen zu je 30 M.			Pfarracker nach Landhufen zu je 30 M.			Kirchenacker zu je 30 M.			kontribuabler kultivirter Acker mit und ohne Reduktion			dito wüst doch kultivabel nach Redkt. zu 6 : 1 angeschlagen			dito wüst und bis zur Kultur ausgesetzt		
	H.	M.	H.	M.	□R.	H.	M.	□R.	H.	M.	□R.	H.	M.	□R.	H.	M.	□R.	H.	M.	□R.	H.	M.	□R.
Randow	506	23 1/6	1838	3	284	387	8	276	109	11	25	43	1	199	1796	25	276	19	24	154	167	13	191
Wollin	84	19 1/2	186	13	215	42	28	146	4	3	135		3	150	165	25	152		23	62	39	19	158
Anklam	314	18 1/2	1071	29	42	324	19	265	27	2	25	13	4	162	1037	13	16	11	13	219	283	17	89
Usedom	112	17 1/2	367	22	186	71	20	186	4	16	26		10	210	337	2	29	3	27	84	58	1	268
Demmin und Treptow	278	27 1/2	1009	23	275	235	14	125	29	12	271	14	25	118	1012	6	233	16	17	251	354	5	286
	1297	15 2/3	4474	3	105	1062	2	102	175	6		71	15	225	4349	13	98	52	6	172	902	28	92
			—20[1])																				
			4454	3	105																		

[1]) Diese Hufen sind infolge der Grenzregulirung abgegangen.

sämmtliche Provintzien nach so sicherem Fuss classificirt wären." Der König bemerkt i. m.: „Ist wahr" [1]).

Wir haben bei diesen beiden Steuern in Pommern eine Eigenthümlichkeit in steuertechnischer Beziehung wahrgenommen, nämlich die Bildung von gleichen Steuereinheiten, den Hufen, welche in dem einen Falle eine Geldreinertragseinheit, in dem andern eine Rohertragsgrösse repräsentiren. Nach diesen gleichen Steuerobjekten ist die Repartition aller Steuern in diesen Provinzen erfolgt. Eine einfache Umlage der Steuern nach Prozenten des Reinertrags erscheint dieser Zeit noch nicht geläufig.

Etwas Analoges finden wir in den römischen Grundsteuerkatastern aus der Kaiserzeit vor.

Bei der letzten grossen Grundsteuerregulirung unter Diokletian (305), deren steuertechnische Prinzipien aus Mangel an genügendem Quellenmaterial noch nicht ausreichend klar gelegt sind, finden wir überall gleiche Steuereinheiten, juga, caput im Orient, centuria in Afrika, millena in Italien und Gallien genannt, angenommen, welche von Savigny als ideale Steuerhufen bezeichnet werden, die überall einen Werth von 1000 solidi darstellen. Dabei scheinen diese Steuereinheiten, wie Marquardt [2]) geltend macht, in den einzelnen Theilen des Reiches, z. B. im Orient, in Afrika, in Italien, in Gallien, verschieden grosse Wertheinheiten und zwar die grössten in Italien zu repräsentiren.

---

[1]) Kaum war nämlich diese Steuer am 1. Juli 1719 eingeführt, als die Stände Vorpommerns von allen Seiten Proteste und Beschwerden beim Könige einreichten, in welchen sie die Wiederauf hebung derselben verlangten, weil sie praktisch unerträglich und auf die Dauer zu ihrem Ruin führen müsste. Friedrich Wilhelm I. ging auch auf diese Klagen ein, schlug aber den Ständen dagegen eine neue Klassifikation der Hufen nach den in Hinterpommern befolgten Grundsätzen vor. Der Generalmajor v. Blankensee hatte bereits das Kommissoriale zu diesem Zweck erhalten, als die Minister mit grossem Eifer für die Beibehaltung dieser Steuer eintraten. Infolge der Bemühungen der letzteren setzte der König eine neue, gemischte Kommission ein, an welcher neben den Ministern Blankensee und einige Mitglieder der früheren Steuerkommission theilnahmen, um den Werth und die Prinzipien dieser Reform nochmals zu untersuchen. Das praktische Resultat dieser Konferenzen war der Vorschlag an den König, den Ständen selbst die Wahl zwischen beiden Steuern zu überlassen. Im Jahre 1720 hielt Blankensee den Landtag in Stettin im Namen des Königs ab und legte den Ständen die wesentlichsten Gesichtspunkte beider Steuern zur Berathung und alternativen Annahme vor. Die letzteren brachten aus erklärlichen Gründen gegen beide Katasteroperationen ihre Einwände vor und reichten selbst ein neues Projekt ein, welches aber Blankensee nur für eine Regulirung per amicabilem compositionem und für unannehmbar erklärte. Da nach langem Hin- und Herberathen keine Einigung zu Stande kam, so vertagte schliesslich Blankensee den Landtag und diese Steuer blieb seitdem unangefochten in Kraft.

[2]) Marquardt, Römische Staatsverwaltung usw., 2 Bde. Leipzig 1876, S. 223 ff.

Nach einer neuerdings aufgefundenen Quellenstelle[1]) sind bei dieser Steuer Diokletians für alle Kulturarten 7, für Acker- und Weinland 4 Bonitätsklassen angenommen. Man unterschied im letzeren Fall:

1) Weinland,
2) Ackerland I. Klasse,
3) „ II. „
4) „ III. „

Daneben wurden die Oelpflanzungen in 2 Klassen eingetheilt.

Innerhalb dieser Klassen wurde die Morgenzahl, jugera, der Possessoren in folgender Art reduzirt:

auf 1 jugum	gehen	5	jugera	Weinland,
„ 1 „	„	20	„	Ackerland I. Klasse,
„ 1 „	„	40	„	„ II. „
„ 1 „	„	60	„	„ III. „
„ 1 „	„	250	Stämme	I. Klasse einer Oelpflanzung,
„ 1 „	„	450	„	II. „ „ „

Hiernach nimmt Marquardt[2]) an, dass diese Steuerhufe einen „realen Güterkomplex“ dargestellt habe. Allerdings waren diese juga Güterkomplexe von verschiedener Grösse, wie, um ein analoges Beispiel zu gebrauchen, die von uns eben besprochenen Morgen und Hufen in Vorpommern. Aber allen lag doch wohl eine Einheit, d. h. eine Geldeinheit, z. B. 1000 solidi usw., wie Savigny mit Recht annimmt, zu Grunde. Nur war diese gleiche Geldeinheit nicht überall, wie Savigny annimmt, 1000 solidi gross, sondern in den einzelnen Theilen und Provinzialkomplexen des Reiches eine a n d e r e.

---

[1]) Diese in steuertechnischer Beziehung sehr interessante Stelle lautet nach Mommsen, Syrisches Provinzialmass und römischer Reichskataster, im Hermes Bd. 3 S. 429: „Agros vero rex Romanus mensura p e r t i c a e sic emensus est. Centum perticae sunt *πλέθρον*. *Ἰοῦγον* autem diebus Diocletiani regis emensum et determinatum est. Quinque jugera vineae, quae X *πλέθρα* efficiunt, pro uno jugo posita sunt. Viginti jugera seu XL *πλέθρα* agri censiti annonas dant unius jugi. Trunci (?) CCXX(V) olearum vetustarum unius jugi annonas dant: trunci CDL in monte unum jugum dant. Similiter (si) ager deterioris et montani nomine positus (est), XL jugera, quae efficiunt LXXX *πλέθρα*, unum jugum dant. Montes vero sic scribuntur: tempore scriptionis ii, quibus ab imperio potestas data est, aratores montanos ex aliis regionibus advocant, quorum *δοκιμασίᾳ* scribunt, quot tritici vel hordei modios terra montana reddat. Similiter etiam terram non censitam, quae pecudibus minoribus pascua praebet, scribunt, quantam *συντέλειαν* in *ταμιεῖον* factura sit, et postulatur pro agro pascuo, quem in *ταμιεῖον* quotannis offerat, denarius unus seu duo seu tres et hocce tributum agri pascui exigunt Romani mense Nisan (April) pro equis suis.“ S. Marquardt a. a. O. S. 219. — Nebenbei bemerkt war bei der interessanten Grundsteuerreform im Mailändischen, dem Censimento Milanese (1719–60), als Einheitsmass bei der Vermessung die pertica angenommen, die Oelbäume wurden ebenfalls abgezählt usw. S. Tafeln zur Statistik der Steuerverwaltung im österreichischen Kaiserstaat, Wien 1858.

[2]) a. a. O. S. 224.

Was repräsentiren nun aber diese solidi? den Werth, den Geldbrutto- oder Geldreinertrag?

Unzweifelhaft war mit diesem Reichskataster unter Diokletian eine Ertragsschätzung verknüpft, wie sie schon bei der Grundsteuer unter Augustus vorkommt. Höchst wahrscheinlich haben wir uns aber unter diesen Geldeinheiten, z. B. den 1000 solidi usw., nach den übrigen steuertechnischen Gesichtspunkten dieser Grundsteuer zu schliessen, modifizirte Geldbruttoerträge, soweit sie in unvollkommener Weise bei diesen Katasterarbeiten ermittelt wurden, zu denken. Wir finden in den Quellen keinen Anhalt und kein Wort über die Berechnung der Betriebs- und Kulturkosten, die bei der Feststellung des Reinertrags irgendwie nothwendig stattfinden musste. Auf der anderen Seite hat sich die einzige Beweisstelle, nach welcher Savigny hier eine Steuer von 1000 solidi Vermögen annimmt, „jetzt als falsch gelesen herausgestellt“ [1]).

Eine wichtige Thatsache noch spricht für diese Annahme, dass wir es hier mit dem Geldbruttoertrag zu thun haben, nämlich der Steuerfuss.

In Gallien betrug derselbe nur 2 solidi von der millena [2]); also ein auffallend geringer Steuersatz.

Wir könnten daher nach dem gegenwärtigen Stand der Quellen vermuthen, dass diese römischen Steuerhufen reale Ackerkomplexe von verschiedener Grösse waren, welchen allen aber eine gleiche Geldeinheit, wahrscheinlich ein Geldbruttoertrag, z. B. von 1000 solidi usw., in jedem Theile des Reiches zu Grunde lag und als das tertium comparationis für die Einschätzung der einzelnen Aecker und Kulturarten bei dieser Katasteroperation diente.

---

[1]) Marquardt a. a. O. S. 224 Anm. 2.

[2]) Clamageran, Histoire de l'impôt en France, vol. I, Paris 1867, p. 105.

Vierter Abschnitt.

Die schlesische Steuer

(1742—1748).

§ 1. Einleitung.

Vielleicht die verdienstlichste That, welche Oesterreich in Schlesien, so lange es diese Provinz in seinem Besitz hatte, auf dem Gebiet der Verwaltung vollbrachte, war der Versuch der Einführung einer allgemeinen Steuer. Durch das kaiserliche Patent vom 4. November 1721 wurde an Stelle des verfallenen Kontributionswesens eine Vermögenssteuer[1]) angeordnet.

Nachdem eine Hauptkommission zu Breslau eingesetzt, und die einzelnen Fürstenthümer, Standesherrschaften und reunirten Korpora je eine Revisions- und eine subdelegirte Kommission gewählt hatten, wurden die Katasterarbeiten 1723 in Angriff genommen.

Jeder Eigenthümer musste in zwei Exemplaren eines gedruckten Schemas, der sogenannten Bekenntnistabelle, eine Fassion seines gesammten Vermögensstandes bei einer Strafe von tausend Dukaten entwerfen, die Aussaat, den Erntebetrag, den Viehstand, die Pertinenzen, Brauereien, Krüge usw., ebenso die Steuerobjekte der Bauern und Gärtner genau angeben.

Im Jahre 1725 hatte die ständische Revisionskommission, welche aus je 2 Mitgliedern bestand, die Fassionen geprüft. Hierbei nahm sie die Aecker, Wiesen, Weiden usw. durch lokale Untersuchung selbst in Augenschein und wählte überall die natürliche Bodenbeschaffenheit, „bonitatem intrinsecam" zum Ausgangspunkt, damit „die übele Bestellung der Wirthschaft den possessoribus nicht zum Vortheil komme".

---

[1]) Ueber die Entwickelung des Steuerwesens in Schlesien bis 1721 s. K. G. Kries, Historische Entwickelung der Steuerverfassung in Schlesien, Breslau 1842, und von den Lehrbüchern A. Wagner, Finanzwissenschaft, 3. Theil, Leipzig 1886, S. 88 ff.

Bei der Ermittelung des Ernteertrags aber wurde überall, wo die Dreifelderwirthschaft üblich war, das Brachfeld abgezogen; wo keine Brache gehalten, nahm man die gesammte Aussaat an. Behufs der Feststellung der Aussaat und des Erntequantums hatte die Kommission auch die Grundbücher, Urbarien, Kaufrechnungen benutzt und im Falle eines vermutheten Unterschleifs in den Bekenntnistabellen die Amtleute, Vögte, Wirthschaftsbeamten, die Geschworenen und Gerichte eidlich vernommen und danach die wirklichen Erträge fixirt.

Auf Grund dieser Bekenntnistabellen und nach den von der Kommission angefertigten Protokollen wurden schliesslich die sogenannten Befundstabellen für jeden Eigenthümer ausgearbeitet.

In denselben waren alle Aecker der Provinz in vier Klassen eingetheilt. Die Erträge der Kulturarten, Aecker, Wiesen, Weiden, Gärten wurden mit dem elf- und zwölffachen, der Gewinn aus der Viehzucht mit den Multiplikatoren 13 und 14, der der Pertinenzstücke, z. B. Brauereien, mit 15 und 16 kapitalisirt, und danach bestimmte die Kommission das Gesammtkapital des einzelnen Dominiums.

In ähnlicher Weise berechnete man das steuerpflichtige Kapital der Bauern, wobei für die Feststellung der adeligen und bäuerlichen Hufen das Jahr 1633 als Normaljahr angenommen wurde.

Im Jahr 1736 erfolgte eine zweite Revision, die eine Vervollständigung der steuerbaren Kapitalien bezweckte; es sollten alle früher ausgelassenen Pertinenzen, z. B. Mühlen, katastrirt, und die Prästationen der Bauern an Geld und Getreidezinsen, die Grund- und Robothenzinsen, Ehrungen beschrieben werden. Nach kurzen Unterbrechungen war das Werk 1738 fast bis zum Abschluss gebracht [1]).

Man hatte aber in Wien nicht den Muth, die Reform dieser Steuer, deren Katastrirung mehr als 3 Millionen Gulden gekostet, vollständig zu beenden und die Kontribution nach dem Kataster zu erheben.

Somit dauerten die schreiendsten Missstände in der Steuererhebung fort, als Schlesien an Preussen kam. Neben der Vermögenssteuer von 1527, von welcher nur noch geringe Ueberreste existirten, finden wir zur Ergänzung eine Unzahl verschiedenartiger Steuern ausgebildet, nämlich: die Kapitation, die Rauchfang- und Viehsteuer, Türkensteuer, Landakzise, Mahlreluition, Fräuleinsteuer, don gratuit, Tanzimpost, Fortifikations- und Legationsgelder, Kriegsmetzen, Rekruten-,

---

[1]) Näheres über diese Arbeiten kann ich nicht anführen, da die sogen. Bekenntnis- und Befundstabellen sich noch in den Händen der königl. Regierung in Breslau und nicht im dortigen Staatsarchiv befinden.

Gewehr- und Remontegelder. Dazu kamen die in jedem Fürstenthum und Standesherrschaft auf die Kontribuenten ausgeschriebenen sogenannten Domestikalanlagen.

Es ist von Ranke bemerkt, dass der grosse König, als er Schlesien eroberte, nicht sogleich bemüht war, diese Provinz überall mit der spezifisch preussischen Verwaltung und Regierungsweise zu überfluthen. Auch in der Finanzverwaltung nehmen wir diese Thatsache wahr.

Friedrich II. wollte die ständische Verfassung, deren Natur er nicht genauer kannte, bestehen lassen.

Der preussische Bevollmächtigte unterhandelte neun Monate lang mit den Ständen über die nöthigen Steuerumlagen. Erst als diese Verhandlungen sich zum schroffsten Gegensatz zwischen Monarchie und Ständethum zuspitzten, und die Stände auf die Frage des Bevollmächtigten, wie viel sie denn schliesslich bewilligen wollten, erklärten, dass sie zu gar keiner Bewilligung verpflichtet wären, trat eine vollständige Aenderung in der Behandlung der Steuerfrage ein.

Die Stände wurden jetzt einfach als nicht vorhanden angesehen. Der inzwischen zum schlesischen Minister ernannte Graf von Münchow dagegen ergriff, von der grossen Verantwortlichkeit seiner Stellung besonders durchdrungen, seinerseits die energischsten Massregeln, um die gänzlich verwirrte Finanzverwaltung nach den Anordnungen Friedrichs II. zu ordnen. Gegenüber den grossen, nur allzu berechtigten Klagen, die überall, besonders wegen des masslosen, infolge der zahlreichen Steuerarten ungerechtesten Steuerdrucks laut wurden, beschloss man für das platte Land eine einzige „Steuer“, für die Städte die „Akzise“ einzuführen.

In dem von Münchow entworfenen und vom Könige korrigirten Publikationspatent vom Jahre **1743** heisst es: . . . „und dagegen alle Abgaben für immer auf eine einzige eingeschränkt, und zwar für die Bewohner des platten Landes auf die Steuer und für die Städte auf die Akzise“ [1]).

Dabei erbot sich Münchow dem Könige, binnen Jahresfrist diese Steuer in der ganzen Provinz einzuführen. Mit Recht bemerkt Friedrich II. dagegen: „Wo will er aber die Leute nehmen, auf deren Penetration und Geschicklichkeit man sich verlassen kann.“ Der Energie des Grafen Münchow gelang es jedoch, eine Kommission von 16 Mitgliedern zu bilden, an deren Spitze v. Thile [2]), der bei der im II. Abschnitt geschilderten Kontributionseinrichtung in der Neumark als Kommissar gearbeitet hatte, und v. Ziegler traten. Je

---

[1]) Die folgende Schilderung ist den ehemaligen Ministerialakten (M. — R. IX), welche in dem königl. Staatsarchiv in Breslau vorhanden sind, entnommen.

[2]) Ueber Thile s. Isaacsohn, Das preussische Beamtenthum unter Friedrich Wilhelm I. usw., Berlin 1884, Bd. 3 S. 220.

zwei in der Landwirthschaft erfahrenen Kommissaren wurde ein Kreis zur Aufnahme und Anfertigung der Kataster unter Zuziehung eines Kreisdeputirten überwiesen.

Nachdem im Februar 1742 mit den Kreisen Schwiebus und Frankenstein die Probe in Niederschlesien gemacht worden war, wurden die Arbeiten Anfang Juni 1743 in ganz Niederschlesien, ausser der Grafschaft Glatz, zum Abschluss gebracht. Im Oktober desselben Jahres hatte man Oberschlesien katastrirt und Anfang November wurden die Arbeiten auf die Grafschaft Glatz ausgedehnt[1]).

Hervorzuheben ist an dieser Stelle, dass die neue preussische Verwaltung die sehr ungünstige wirthschaftliche Lage Oberschlesiens voll und ganz erkannte und bei dieser Katasteroperation zu berücksichtigen suchte. Es hatte zuerst Thile auf den grossen Unterschied zwischen Nieder- und Oberschlesien wiederholt aufmerksam gemacht, welchen man, bevor die Katasterarbeiten begonnen würden, durch Bereisung von Oberschlesien feststellen, und dabei die Absatzverhältnisse, die Preise und den Zustand der einzelnen Kreise erforschen sollte. Graf Münchow liess infolgedessen Thile und drei Steuerräthe diese Reise noch unternehmen, bevor die Katasterarbeiten in Oberschlesien begonnen wurden.

Nach der Instruktion waren aber die Kommissare angewiesen, überall die sog. Befundstabellen zur Kontrolle ihrer eigenen Untersuchungen und Katasteroperationen zu benutzen. Als jedoch die Zeit vorgeschritten war und man die Katasterarbeiten übermässig zu beschleunigen suchte, forderte der nach Abgang Zieglers alleinige Präsident Thile die Kommissare auf, sich vornehmlich, eventuell ausschliesslich an die Befundstabellen zu halten, deren relative Brauchbarkeit er wohl allzu hoch schätzte. Damit sank natürlich die Thätigkeit der preussischen Kommission zu einer Kopie der Arbeiten der früheren Kommissionen herab, wie es die Prägravationsklagen im Lande bald bewiesen.

Man hatte nämlich für alle Reklamationsklagen eine Präklusivfrist bis ult. 1743 festgesetzt und als Minimalgrenze für eine gegründete Beschwerde eine Ueberlastung um mehr als 5 Proz. der gesammten Steuer eines Steuersubjekts verlangt. Man machte aber bei diesem Reklamationsverfahren bald die Beobachtung, dass die meisten gegründeten Beschwerden auf Fehler hinausliefen, welche in den Befundstabellen vorhanden waren. Einzelne Prägravirte machten sogar geltend, dass bereits in den „Bekenntnistabellen“ von 1723 manche Eigenthümer, um als reich zu gelten oder ihre Güter theurer ver-

---

[1]) Grünhagen, Geschichte des ersten schlesischen Krieges, Gotha 1881, Bd. 2 S. 348 ff.

pfänden oder verkaufen zu können, grössere Erträge fatirt hätten, als der Wirklichkeit entsprach[1]).

Vergebens machte v. Thile auf den gediegenen Werth der Befundstabellen aufmerksam, welchem gegenüber man nur Vorsicht und Misstrauen gegen die Reklamanten hegen müsse. Vergebens suchte er die verlangten Lokalrevisionen zu beschränken, „um nicht das eben vollendete solide Werk der Kommission zu durchlöchern und den guten Ruf dieser Reform und der preussischen Beamten aufs Spiel zu setzen".

Alle diese von Thile vorgebrachten Gründe übten auf den edlen und energischen Minister Münchow keinen Einfluss. Er ergriff die Partei der Steuerzahler und nahm nunmehr persönlich an der Fortführung der Steuerarbeiten besonderen Antheil.

Zunächst wurden die Steuer- und Befundstabellen, welche man bisher geheim gehalten hatte, der Oeffentlichkeit übergeben; jeder Steuerzahler erhielt das Recht, Einsicht in dieselben oder Abschriften und Auszüge aus denselben verlangen zu können.

Bald entschloss sich Münchow nach einzelnen Versuchen, alle Kataster der einzelnen Kreise der Reihe nach von neuem durch die sogenannten Rektifikationskommissionen umarbeiten zu lassen, wobei aber andere, nach einer arithmetischen Progression abgestufte Getreidepreise zu Grunde gelegt wurden.

Ein Personenwechsel erschien dabei noch nothwendig. Thile, der jetzt bei jeder Gelegenheit von Münchow die Befürwortung beim Könige für seine wohlverdiente Versetzung ins Generaldirektorium beanspruchte und die Arbeiten zu beschleunigen suchte, wurde nunmehr, während ihn vorher Münchow zurückhielt, nach Berlin versetzt. Dagegen wurden die tüchtigsten der früheren Kommissare, darunter Soja und Behmer, der zuerst durch Opposition gegen die Befundstabellen die Aufmerksamkeit Münchows auf sich gelenkt hatte, herangezogen. Soja erhielt die Oberleitung der Rektifikationskommissionen, die aber Münchow, belehrt durch die bisherigen Rangstreitigkeiten und Reibungen zwischen Thile und den Kriegs- und Domänenkammern, den letzteren unterstellte.

Die Thätigkeit dieser Rektifikationskommissionen erreichte im ganzen im Jahre 1748 ihren Abschluss, obgleich einzelne Kreise noch später und der Kreis Wartenberg erst 1768 re-

---

[1]) (von Klöber,) Von Schlesien, „vor und seit dem Jahre 1844", Bd. 2 S. 240, sagt über die Befundstabellen: „Bei vielen waren die Spuren der Parteilichkeit sehr merklich. Man sah, dass die Kommissionen oft unwahrscheinlich geringe Bekenntnisse (Fassiones) für richtig angenommen hatten, besonders wenn der bekenner ein reicher angesehner mann war."

vidirt worden sind. In der Grafschaft Glatz ist diese Rektifikation sogar erst 1780 durchgeführt worden[1]).

Unsere Darstellung wird daher am zweckmässigsten verfahren, wenn sie die Steuer, wie sie 1748 ausgebildet war, zu schildern versucht, die wir als eine progressiv abgestufte Grund- und Einkommensteuer charakterisiren möchten[2]).

§ 2. Der Reinertrag der Kulturarten.

Der Schwerpunkt und die Eigenthümlichkeiten dieser Steuer liegen in der eigenartigen Feststellung der Reinerträge der einzelnen Steuerobjekte. Man wollte weder die wirklichen noch die mittleren, sondern progressiv abgestufte Nettoerträge für alle Besitzer ermitteln: ein Verfahren, das steuertechnische Fiktionen, künstliche Regeln und Unübersichtlichkeit, wie wir es in nachstehendem sehen werden, nothwendig zur Folge haben musste.

Um dieses Prinzip durchzuführen, suchten nämlich die Kommissare überall zunächst den wirklichen Reinertrag eines landwirthschaftlichen Betriebes zu ermitteln. Daher wurde zuvörderst die Grösse der einzelnen Kulturarten, Aecker, Wiesen, Weiden, Holzungen, durch lokale Untersuchung mit Zuziehung der Schulzen, Gerichte und Obrigkeiten und unter Berücksichtigung der vorhandenen Hufen- und Steuerregister, der Kauf- und Pachtverträge festgestellt. Hierauf geschah die Ermittelung der durchschnittlichen Aussaat und des Erntequantums der einzelnen Ackerstücke, welches dieselben bei mittelmässigen Jahren gewährten. Diese Erträge wurden mit den in den Befundstabellen angegebenen Grössen verglichen; ergab sich eine auffallende Differenz zwischen beiden, so hatte die Kommission alle hier einschlagenden Momente nochmals genau zu untersuchen und eventuell mittlere Ertragsquanta anzunehmen.

War somit die gesammte Aussaat und der ganze Ernteertrag eines Besitzers durch Summirung der Roherträge der einzelnen Ackerparzellen festgestellt, so bestimmte die Kommission, indem sie mit der Scheffelzahl der Aussaat in das Erntequantum dividirte, den Körnerertrag für das ganze Anwesen. Wurde dabei aber ein Bruch, der kleiner als $^1/_4$ war, z. B. $3^1/_9$facher Körnerertrag ermittelt, so nahm man die ganze Zahl, also den dreifachen Ernteertrag an. Falls der

---

1) Schimmelfennig a. a. O. S. 570.

2) Ranke, Neue Bücher preussischer Geschichte Bd. 3 S. 441 ff., theilt nur Einzelheiten über diese Steuer aus den Jahren 1742—1743 mit. — Schimmelfennig a. a. O. S. 495—556 hat die meisten Instruktionen und die Publikationspatente veröffentlicht.

Bruch grösser war als $^1/_8$, z. B. $3^3/_{16}$, so wählte die Kommission das nächste Viertel, also den $3^1/_4$fachen Ertrag.

Somit stieg der Körnerertrag aller Aecker der Provinz je nach der Ertragsfähigkeit um ein Viertel von dem 3-, $3^1/_4$-, $3^1/_2$-, $3^3/_4$-, 4fachen Ernteertrag in einer arithmetischen Progression bis zur Maximalgrenze des sechsfachen Erntequantums, das selbst bei dem vorzüglichsten Acker nicht überschritten wurde.

Nachdem die Kommission diesen wirklichen Bruttoertrag eines Dominiums ausgemittelt hatte, wurde sie bei ihrem weiteren Prozediren an folgende steuertechnische Regeln und Fiktionen gebunden.

Für die ganze Provinz war zunächst die strenge Dreifelderwirthschaft als das einzige Wirthschaftssystem angenommen, ohne Rücksicht darauf, dass in einigen Theilen Schlesiens die Wintersaat grösser als die Sommerung, in anderen das Umgekehrte der Fall war, und in manchen Gegenden sogar die Brache besömmert wurde. Weiterhin wurden hinsichtlich der Anbauflächen der einzelnen Getreideprodukte folgende Normaltypen für alle landwirthschaftlichen Betriebe aufgestellt:

I. bei dem $5^1/_2$—6fachen Körnerertrag wurde angenommen, dass von der Wintersaat die Hälfte der Aecker mit Weizen, die andere Hälfte mit Roggen besät und als Sommersaat zur Hälfte Gerste, zur Hälfte Hafer gesät worden wäre;

II. bei dem $4^1/_2$—$5^1/_4$fachen Körnerertrag wurde $^1/_3$ der Aecker mit Weizen, $^2/_3$ mit Roggen in Wintersaat und in Sommersaat $^2/_5$ mit Gerste und $^3/_5$ mit Hafer bestellt fingirt;

III. bei dem 3—$4^1/_4$fachen Körnerertrag endlich nahm man für die Wintersaat nur Roggenbau, bei der Sommerung $^3/_{10}$ Gersten- und $^7/_{10}$ Haferacker an. Ueberall aber wo Hirse und Lein produzirt wurden, hatte man deren Quantum von der Aussaat der Gerste abgezogen; Wicken, Erbsen und Buchweizen wurden, sofern sie nicht in die Brache gesät waren, auf Roggen reduzirt. Alle Brachfrüchte blieben, weil sie nur zum Unterhalt der Wirthschaft dienten, ausser Anschlag.

Nach diesen Normaltypen der Anbauflächen hatten die Kommissare den wirklichen Bruttoertrag einer Besitzung umzurechnen und die Grössen der Hauptprodukte, Weizen, Roggen, Gerste, Hafer, zu spezialisiren. War z. B. bei einem landwirthschaftlichen Betrieb der wirkliche Bruttoertrag von 90 Scheffeln und dabei das $4^1/_2$fache Korn ermittelt, so nahm die Kommission im Kataster nach diesem Schema 15 Scheffel Weizen, 30 Scheffel Roggen, 18 Scheffel Gerste und 27 Scheffel Hafer an.

Wir halten uns nicht für kompetent ein Urtheil abzugeben, inwieweit diese Fiktionen der Anbauflächen den damaligen landwirthschaftlichen Zuständen Schlesiens entsprachen. Wir dürfen aber annehmen, dass dieselben, weil Münchow alle seine Massnahmen den konkreten Verhältnissen streng anpasste und viele praktische Landwirthe bei dieser Reform verwendet wurden, von den wirklichen durchschnittlichen Betriebsverhältnissen abstrahirt sind.

Dass sie nicht überall den landwirthschaftlichen Zuständen konform waren, erfahren wir aus den Reklamationen noch aus den siebziger Jahren des vorigen Jahrhunderts. Die Kammern weisen die Reklamanten ab, obgleich sie den Thatbestand, dass der wirkliche Flächenanbau derselben nicht dem von der Steuerkommission angenommenen entsprach, als wahr anerkannten, weil ihr Petitum gegen eine allgemeine Steuerregel gerichtet wäre, die überall in der Provinz durchgeführt worden sei.

Von dem nach diesen Normaltypen der Anbauflächen umgemodelten Bruttoertrag eines Besitzthums hatte endlich die Kommission ein Korn für die Saat abgezogen. Der Rest dagegen ward zur Hälfte für die Deckung der Wirthschafts- und Produktionskosten bestimmt, während die andere Hälfte als für den Marktverkauf übrig bleibend angesehen wurde.

Diesen letzten Theil des Naturalbruttoertrags nahm man als den steuerpflichtigen Reinertrag an, welcher nun nach einem progressiv abgestuften Preistarif für die Hauptgetreideprodukte in einen Geldnettoertrag umgewandelt wurde.

Bei der Fixirung dieser Getreidepreise waren die mittleren Marktpreise mehrerer Jahre zum Ausgangspunkt gewählt, und die ganze Provinz wurde dabei in vier geographische Bezirke eingetheilt. Innerhalb der einzelnen Bezirke aber wurden diese Marktpreise alsdann nach der Grösse des Körnerertrags in einer arithmetischen Progression abgestuft. Die Differenz derselben ist innerhalb der 13 Klassen jedes Bezirks $^1/_8$, oder wenn man die Preise der ersten Klasse = 100 setzt, $12^1/_2$. Die Preise der ersten und letzten Klasse jedes Bezirks verhalten sich hienach wie 100 : 250.

(Tabelle siehe S. 74.)

Auf Grund dieser progressiven Getreidepreise wurden für die ganze Provinz 52 Reinertragsklassen gebildet, deren numerische Verschiedenheit wir dem geneigten Leser an der Hand eines einfachen Beispiels in folgendem veranschaulichen wollen. Nehmen wir eine landwirthschaftliche Betriebseinheit an, in welcher die Wintersaat zehn Scheffel, die Sommerung ebenfalls zehn Scheffel gross war, und setzen wir voraus, dass dieselbe in allen vier Bezirken vorkam und in allen Körnerertragsklassen. Der steuerpflichtige Geldreinertrag dieses landwirthschaftlichen Betriebes betrug alsdann nach diesen Regeln und Fiktionen der Anbauflächen im:

Tabelle,

wonach bei Rectificirung der Catastrorum die Aussaat nach dem Unterschied des Körnerertrages pro Scheffel anzuschlagen.

	zum 3. Korn			zum 3¼. Korn			zum 3½. Korn			zum 3¾. Korn			zum 4. Korn			zum 4¼. Korn			zum 4½. Korn		
	Thlr.	Sgr.	Hr.	Thlr.	Sgr.	Hr.	Thlr.	Sgr.	Hr.	Thlr.	Sgr.	Hr.	Thlr.	Sgr.	Hr.	Thlr.	Sgr.	Hr.	Thlr.	Sgr.	Hr.
I. Preisbezirk[1])																					
Weizen	1	—	—	1	3	—	1	6	—	1	9	—	1	12	—	1	15	—	1	18	—
Roggen	—	22	—	1	—	13½	1	3	9	1	6	4½	1	9	—	1	11	13½	1	14	9
Gerste	—	19	—	—	21	6¾	—	23	13½	1	2	2¼	1	4	9	1	6	15¾	1	9	4½
Hafer	—	16	—	—	18	—	—	20	—	—	22	—	1	—	—	1	2	—	1	4	—
II. Preisbezirk[2])																					
Weizen	—	23	—	1	1	15¾	1	4	13½	1	7	11¼	1	10	9	1	13	6¾	1	16	4½
Roggen	—	20	9	—	23	1⅛	1	1	11¼	1	4	3⅜	1	6	13½	1	9	5⅝	1	11	15¾
Gerste	—	18	—	—	20	4½	—	22	9	1	—	13½	1	3	—	1	5	4½	1	7	—
Hafer	—	15	—	—	16	15¾	—	18	13½	—	20	11½	—	22	9	1	—	6¾	1	2	4½
III. Preisbezirk[3])																					
Weizen	—	21	—	—	23	11¼	1	2	4½	1	4	15¾	1	7	9	1	10	2¼	1	12	13½
Roggen	—	18	9	—	20	14⅝	—	23	2¼	1	1	7⅞	1	3	13½	1	6	1⅛	1	8	6¾
Gerste	—	16	9	—	18	10⅛	—	29	11¼	—	22	12⅜	1	—	13½	1	2	14⅝	1	4	15¾
Hafer	—	14	—	—	15	13½	—	17	9	—	19	4½	—	21	—	—	22	13½	1	—	9
IV. Preisbezirk[4])																					
Weizen	—	19	—	—	21	6¾	—	23	13½	1	2	2¼	1	4	9	1	6	15¼	1	9	4½
Roggen	—	16	—	—	18	—	—	20	—	—	22	—	1	—	—	1	2	—	1	4	—
Gerste	—	14	—	—	15	13½	—	17	9	—	19	4½	—	21	—	—	22	13½	—	—	9
Hafer	—	12	—	—	13	9	—	15	—	—	16	9	—	18	—	—	19	9	—	21	—

	zum 4¾. Korn			zum 5. Korn			zum 5¼. Korn			zum 5½. Korn			zum 5¾. Korn			zum 6. Korn			Preisdifferenz aller Klassen	
	Thlr.	Sgr.	Hr.	Thlr.	Sgr.	Hr.	Thlr.	Sgr.	Hr.	Thlr.	Sgr.	Hr.	Thlr.	Sgr.	Hr.	Thlr.	Sgr.	Hr.	Sgr.	Hr.
I. Preisbezirk[1])																				
Weizen	1	21	—	2	—	—	2	3	—	2	6	—	2	9	—	2	12	—	3	—
Roggen	1	17	4½	1	20	—	1	22	13½	2	1	9	2	4	4½	2	7	—	2	13½
Gerste	1	11	11¼	1	14	—	1	16	6¾	1	18	13½	1	21	2¼	1	23	9	2	6¾
Hafer	1	6	—	1	8	—	1	10	—	1	12	—	1	14	—	1	16	—	2	—
II. Preisbezirk[2])																				
Weizen	1	19	2¼	1	22	—	2	—	15¾	2	3	13½	2	6	11¼	2	9	9	2	11¼
Roggen	1	14	7⅞	1	17	—	1	19	10⅛	1	22	2¼	2	—	12⅜	2	3	4½	2	5⅛
Gerste	1	9	13½	1	12	—	1	14	4½	1	16	9	1	18	13½	1	21	—	2	1⅛
Hafer	1	4	4¼	1	6	—	1	7	15¾	1	9	13½	1	11	11¼	1	13	9	2	13½
III. Preisbezirk[3])																				
Weizen	1	15	6¾	1	18	—	1	20	11¼	1	23	4½	2	1	15¾	2	4	9	2	15¾
Roggen	1	10	12⅜	1	13	—	1	15	5⅝	1	17	11¼	1	9	16⅞	1	22	4½	2	10⅛
Gerste	1	6	16⅞	1	9	—	1	11	1⅛	1	13	2¼	1	15	15⅜	1	17	4½	2	4½
Hafer	1	2	4½	1	4	—	1	5	13½	1	7	9	1	9	9½	1	11	—	1	15¾
IV. Preisbezirk[4])																				
Weizen	1	11	11¼	1	14	—	1	16	6¾	1	18	13½	1	21	2¼	1	23	9	2	6¾
Roggen	1	6	—	1	8	—	1	10	—	1	12	—	1	14	—	1	16	—	2	—
Gerste	1	2	4½	1	4	—	1	5	13½	1	7	9	1	9	4½	1	11	—	1	13½
Hafer	—	22	9	1	—	—	1	1	9	1	3	—	1	4	9	1	6	—	1	9

[1]) Umfasste die Kreise Brieg, Bolckenhain, Grottkau, Münsterberg, Neisse, Ohlau, Schweidnitz, Striegau, Goldberg, Hirschberg, Jauer, Liegnitz, Löwenberg, Breslau, Frankenstein, Reichenbach.

[2]) Die Kreise Falkenberg, Namslau, Neumark, Nimptsch, Oels, Strehlen, Trebnitz; Neustadt sammt Zültz und Oberglogau, Leobschütz, Kosel und der Theil des oppelnschen Kreises, dessen Dörfer auf deutscher Seite gegen Neisse zu gelegen sind; Freistadt, Glogau, Grünberg, Guhrau, Lüben, Sagan, Schwiebus, Sprottau, Steinau, Wohlau.

[3]) Die Kreise Kreuzberg, Wartenberg, der Rest des oppelnschen Kreises, d. h. die Dörfer auf der polnischen Seite jenseits der Oder; Ratibor, Loslau, Oderberg und diejenigen Dörfer des toster und grossstrehlitzer Kreises, welche nicht weiter als 4 Meilen von der Oder entfernt sind.

[4]) Die Kreise Militsch, Toste, Gross-Strehlitz, Pless, Beuthen, Lublinitz und Rosenberg.

I. Preisbezirk:

1)	bei dem	3	fachen Körnerertrag	16 Thlr.	5	Groschen[1]).
2)	„ „	$3^1/_4$	„ „	20 „	11	„
3)	„ „	$3^1/_2$	„ „	25 „	16	„
4)	„ „	$3^3/_4$	„ „	30 „	5	„
5)	„ „	4	„ „	37 „	1	„
6)	„ „	$4^1/_4$	„ „	44 „	13	„
7)	„ „	$4^1/_2$	„ „	51 „	—	„
8)	„ „	$4^3/_4$	„ „	58 „	13	„
9)	„ „	5	„ „	65 „	20	„
10)	„ „	$5^1/_4$	„ „	75 „	22	„
11)	„ „	$5^1/_2$	„ „	85 „	9	„
12)	„ „	$5^3/_4$	„ „	95 „	4	„
13)	„ „	6	„ „	105 „	4	„

II. Preisbezirk:

1)	bei dem	3	fachen Körnerertrag	15 Thlr.	4	Groschen.
2)	„ „	$3^1/_4$	„ „	19 „	2	„
3)	„ „	$3^1/_2$	„ „	24 „	5	„
4)	„ „	$3^3/_4$	„ „	29 „	7	„
5)	„ „	4	„ „	35 „	22	„
6)	„ „	$4^1/_4$	„ „	41 „	—	„
7)	„ „	$4^1/_2$	„ „	48 „	—	„
8)	„ „	$4^3/_4$	„ „	55 „	—	„
9)	„ „	5	„ „	62 „	12	„
10)	„ „	$5^1/_4$	„ „	70 „	—	„
11)	„ „	$5^1/_2$	„ „	80 „	16	„
12)	„ „	$5^3/_4$	„ „	90 „	—	„
13)	„ „	6	„ „	100 „	—	„

III. Preisbezirk:

1)	bei dem	3	fachen Körnerertrag	13 Thlr.	20	Groschen.
2)	„ „	$3^1/_4$	„ „	17 „	12	„
3)	„ „	$3^1/_2$	„ „	21 „	23	„
4)	„ „	$3^3/_4$	„ „	26 „	18	„
5)	„ „	4	„ „	31 „	19	„
6)	„ „	$4^1/_4$	„ „	37 „	8	„
7)	„ „	$4^1/_2$	„ „	43 „	22	„
8)	„ „	$4^3/_4$	„ „	50 „	6	„
9)	„ „	5	„ „	57 „	6	„
10)	„ „	$5^1/_4$	„ „	64 „	15	„
11)	„ „	$5^1/_2$	„ „	73 „	19	„
12)	„ „	$5^3/_4$	„ „	82 „	7	„
13)	„ „	6	„ „	91 „	14	„

[1]) Der schlesische Thaler hatte 24 Groschen, der Groschen 18 Heller; die Relation des schlesischen zum preussischen Thaler war wie 4 : 5.

IV. Preisbezirk:

1) bei	dem	3	fachen	Körnerertrag	11 Thlr.	22	Groschen.
2) „	„	$3^1/_4$	„	„	15 „	5	„
3) „	„	$3^1/_2$	„	„	19 „	2	„
4) „	„	$3^3/_4$	„	„	23 „	2	„
5) „	„	4	„	„	27 „	—	„
6) „	„	$4^1/_4$	„	„	32 „	22	„
7) „	„	$4^1/_2$	„	„	37 „	16	„
8) „	„	$4^3/_4$	„	„	43 „	16	„
9) „	„	5	„	„	49 „	—	„
10) „	„	$5^1/_4$	„	„	56 „	12	„
11) „	„	$5^1/_2$	„	„	63 „	11	„
12) „	„	$5^3/_4$	„	„	71 „	10	„
13) „	„	6	„	„	79 „	$7^1/_2$	„

Man ersieht aus dieser Zahlenreihe, dass der Reinertrag der ersten Klasse beinahe zehnmal so gross ist, als der der letzten.

Vergleichen wir diese statistischen Resultate einen Augenblick mit den Geldreinertragsgrössen der preussischen Grundsteuer von 1861 [1]). Man wählte bei dieser Steuer zur Basis für die Katasteroperationen in der ganzen Monarchie die gemeinübliche Dreifelderwirthschaft. Nach der Spezialanweisung sollten die Kommissare dabei überall darauf achten, „dass der Kulturzustand des Ackerlandes so anzunehmen sei, wie er sich da vorfindet, wo derselbe ohne Anwendung künstlicher Kulturmittel und ohne Zusammenhang mit Fabrikationsanstalten bewirthschaftet worden ist“. Auf Grund dieser Voraussetzung sind schliesslich, wie Ad. Wagner [2]) mit Recht bemerkt, „am grünen Tische“ folgende 26 Reinertragsklassen pro Morgen für die ganze Provinz Schlesien fixirt:

Klassen	Reinertrag in Sgr.	Differenz der Klassen Sgr.	Klassen	Reinertrag in Sgr.	Differenz der Klassen Sgr.
1	180		14	48	
2	165	15	15	42	6
3	150	„	16	36	„
4	135	„	17	30	„
5	120	„	18	27	„
6	108	12	19	24	3
7	99	9	20	21	„
8	90	„	21	18	„
9	81	„	22	15	„
10	72	„	23	12	„
11	66	„	24	9	„
12	60	6	25	6	„
13	54	„	26	3	„

[1]) Dr. Engel, Die Grösse, Beschaffenheit und Besteuerung der Fläche des preussischen Staatsgebietes, in der Zeitschrift des königl. preuss. statist. Büreaus Jahrg. 1866 S. 178.

[2]) Wagner, Spezielle Steuerlehre, in Schönbergs Handbuch der polit. Oekonomie, 2. Aufl. Tübingen 1886, Bd. 3 S. 244.

Erwägt man jedoch, dass die Aecker der geringsten Reinertragsklassen der Grundsteuer von 1861 noch im Jahre 1742 wüst und unbenutzt dalagen und die besten erst später infolge der intensiveren Landwirthschaft hinzugekommen sind, so ist die Spannung zwischen den Reinerträgen der besten und schlechtesten Klasse bei beiden Steuern eine ähnliche.

Bei beiden Steuern hatte man zwar kein einheitliches Prinzip für die Abstufung dieser Reinerträge, sondern verfuhr mehr oder weniger willkürlich; bei der ersteren erscheint aber diese Differenzirung mannigfaltiger, umfassender und daher gerechter.

Die Ermittelung der Nettoerträge der anderen Kulturarten war weniger künstlich als die der Aecker. Die Preistarife für die einzelnen Produkte derselben waren lediglich nach den vier geographischen Bezirken abgestuft. Der Ertrag der Wiesen, die nach ihrer Bonität in 3 Klassen eingetheilt waren, wurde nach der Anzahl der in gewöhnlichen Jahren gewonnenen zweispännigen Fuder Heu taxirt. Da aber der Gewinn aus der Viehzucht als besonderes Steuerobjekt zum Kataster gebracht wurde, so veranschlagte man nur den Ueberschuss an Heu, das zum Unterhalte des vorhandenen Viehstandes nicht erforderlich war.

Die Weideflächen, nach ihrer Güte ebenfalls in 3 Klassen eingetheilt, schätzte man nach der Grösse des Viehstandes ab, der auf denselben gehalten werden konnte. Ueberall aber wo Fettweiden vorhanden waren, wurden die jährlich ausgefütterten Mastochsen ausgezählt.

Die Hopfen-, Obst- und Tetzgärten (Lustgärten?) ferner wurden einfach wegen ihres in der Regel besseren Bodens dem Weizenacker angeglichen.

Auch die Berechnung des Ertrags der Wälder war eine höchst einfache. Bei den grösseren Waldkomplexen stellte man den Geldertrag aus dem Holz, das jährlich geschlagen wurde, fest; nach „Stallungen", einem ehemaligen Raummass, wurde das Hartholz (Eichen und Buchen), weiches Holz (Küchen- und Tannenholz) und lebendiges Holz (Elsen und Birken) ausgemessen und nach verschiedenen Preistaxen angeschlagen.

Die Seestücke endlich taxirte man nach dem Ertrag der Fischerei; die Garnzüge wurden gezählt und die wilde Fischerei besonders abgeschätzt. Bei den Teichen ermittelte man die Anzahl von Schock dreijährigen Karpfensamens neben den „Strichen" Karpfen, die man vorfand.

Die übrigen Einkommenszweige des platten Landes, vornehmlich des Adels und der Geistlichkeit, setzten sich zusammen aus den Einnahmen aus der Viehzucht, den Pertinenzen und den Geld- und Naturaleinkünften, die mit dem Institut der Leibeigenschaft verknüpft waren.

Bei der Ermittelung zunächst des Ertrags aus der Viehzucht blieb das Zug- und Federvieh, weil es zum Unterhalt der Wirthschaft dienen sollte, ausser Anschlag. Im übrigen wurden die Kühe nach Beschaffenheit der Weide in 3 Klassen eingetheilt und von dem übrigen Viehstand hatte man das güste und Jungvieh, die Schafe, Ziegen und Schweine einzeln ausgezählt und nach dem Tarif den Geldertrag fixirt. Das Einkommen aber aus den Molkereien und der Pferdezucht schätzte die Kommission nach den lokalen und individuellen Verhältnissen ab.

Was die landwirthschaftlichen Nebengewerbe anlangt, so berechnete man bei den Brauereien das jährlich gebraute Bier nach Achteln, bei den Branntweinbrennereien den jährlich gebrannten Spiritus nach Eimern und normirte danach den durchschnittlichen jährlichen Reingewinn. An den Orten, wo Wein gebaut wurde, hatte man einen Topf Wein zu 1 Thaler taxirt. Das Einkommen des Adels aus den Mühlen schätzte die Kommission nach dem Pachtschilling, dem Mastgeld und dem Mengekorn ab.

Von den Gebäuden endlich, welche nur vermiethet wurden, nahm man zwei Drittel des Miethzinses, weil diese Einnahme als keine regelmässige angesehen wurde, als Steuerobjekt an.

Hinsichtlich der übrigen Einnahmen des Adels und der Geistlichkeit wurden alle Geld- und Naturaleinkünfte, welche dieselben als Grund- und Gerichtsherren von den Bauern, Dreschgärtnern, Freileuten und Häuslern und ferner aus den Mediatstädten jährlich erhoben, in dem Kataster verzeichnet. Ebenso wurden auch die Erb- und Grundzinsen, die Robothenzinsen in Geld und Getreide genau berechnet. Diese aus dem Institut der Leibeigenschaft fliessenden Einkünfte hatte die österreichische Kommission 1736 in ihrem Umfang festzustellen versucht, aber nicht mehr in Geld genau zu berechnen gewagt. Da aber gerade in Schlesien die Frohnen sowohl bei dem Adel als auch bei der Geistlichkeit, wie wir es aus den Akten ersehen, erheblich gross waren, so wurde dadurch der Gesammtreinertrag der Grundeigenthümer ganz bedeutend erhöht. Bei den einzelnen Frohnen berechnete man die gemessenen und ungemessenen Gespanndienste mit 1, 2, 3 und 4 Pferden, die gemessenen und ungemessenen Handdienste der Männer und Frauen, das unentgeltliche Garnspinnen, welche Leistungen alsdann nach bestimmten, für die vier geographischen Bezirke abgestuften Tarifen in Geldbeträge umgewandelt wurden. In gleicher Weise wurden die Ehrungen oder Fleischzehnten detaillirt beschrieben und nach gewissen Preissätzen in Geld fixirt. Endlich wurden auch die Gerichts- und Obergerichtszinsen in den Städten, die Schank- und Gewerbezinsen, der Pfannenzins, das Erbgeschoss der Bürgerschaft, die Zölle und die Oderfähren nach den momentanen Einnahmen, die sie gewährten, veranschlagt. Schliesslich berücksichtigte man auch noch die jährlichen Einkünfte aus den Oel- und Schleifmühlen, Bleichen, Kalköfen, Ziegelhütten, Steinbrüchen, Walk- und Lohmühlen, Thongräbereien, Eisenstein-, Galmei- und Steinkohlengruben.

Neben dieser Katastrirung alles Einkommens auch der kleinsten Ackerleute, der Dreschgärtner, die nur kleine oft wechselnde Ackerparzellen zu ihrer Benutzung erhielten, wurden die anderen kleinen Leute und Handwerker, Müller, Krüger, Kretschmer (kleine Schankwirthe), Schmiede, Weber usw., sofern sie kein Land besassen, mit dem sog. Nahrungsgeld belegt. Letzteres ist zu einem Schmerzenskind der preussischen Verwaltung geworden. Schon der Präsident der Kommission v. Thile sah sich veranlasst, die Steuersätze desselben auf die Hälfte zu reduziren; später erfolgten weitere Ermässigungen. Namentlich die armen Weber im Gebirge führten ein so dürftiges und kümmerliches Leben, wie man es in Preussen nicht kannte. Einzelne tüchtige Landräthe suchten später die Steuerlast derselben dadurch zu mindern, dass sie noch andere Personen, Tagelöhner, Einlieger, ledige Frauenspersonen, zu dieser Steuer heranzogen.

Friedrich der Grosse erzählte mit Ironie bei der Frage der Besteuerung Westpreussens 1772 von einem Geheimrath, einem unpraktischen, aber sonst tüchtigen Menschen, den er von Berlin nach Schlesien geschickt hätte, um das Nahrungsgeld zu regeln, und der in Unkenntnis der dortigen Verhältnisse dabei alle kleinen Leute ins Oesterreichische vertrieben hätte. Es sei ihm (dem Könige) nichts weiter übrig geblieben, als den Geheimrath nach Berlin zurückzuberufen und alle Mittel in Bewegung zu setzen, um diese kleinen Leute aus Oesterreich in ihre Heimath wieder zurückzubekommen.

§ 3. Der nominelle Steuerfuss.

Bekanntlich sollte diese Steuer nach dem Publikationspatent nicht allein die adeligen und bäuerlichen Grundstücke umfassen, sondern sich auch auf alle geistlichen, bischöflichen, Kapitulargüter und die königlichen Domänen erstrecken. Für die rechtliche Qualität der adeligen und bäuerlichen Hufen wurde das Jahr 1721 als Normaljahr angenommen. Alle Hufen, welche der Adel vor 1721 zu seinen Gütern geschlagen hatte, sollten als adelige angesehen werden, alle später eingezogenen durften nur als bäuerliche im Kataster verzeichnet werden.

Von den Domänen blieben bei der Ausführung diejenigen Feldgüter, welche bisher steuerfrei waren, von dieser Steuer unberührt; die anderen, bis dahin nur der Landakzise unterworfen, zahlten lediglich diesen Steuerbetrag, wie er nach einem sechsjährigen Durchschnitt ermittelt war. Bekanntlich waren aber die königlichen Domänen Schlesiens von ganz geringer Bedeutung. Von den bischöflichen Gütern wurden die primordialiter zum Unterhalt des Bischofs[1]) fundirten ausgeschieden; dieselben hatten, da sie bisher nur die Kirchensteuer entrichteten, lediglich diesen Betrag zu zahlen. Alle anderen bischöflichen Güter wurden nach denselben Prinzipien wie die weltlichen katastrirt. In ähnlicher Weise waren die übrigen Stifts- und geistlichen Güter behandelt.

Bei allen anderen Anwesen aber wurde der steuerpflichtige Reinertrag ausschliesslich nach den bisher geschilderten Grundsätzen fixirt.

Nach dem katastrirten Gesammtreinertrag, welcher für Niederschlesien 5 087 480 Thaler ausmachte und in Oberschlesien 1 256 812 Thaler betrug, während die Indiktion d. h. die von den österreichischen Behörden 1736 für Oberschlesien festgesetzte Grundsteuer-Kapitalsumme nur 1 132 509 Thaler, also verhältnismässig sehr wenig gegen die neue Reinertragsschätzung betragen hatten, sollte die neue Steuerlast repartirt werden. In dem Generaletat von Schlesien waren 1743 nämlich 1 676 023 Thaler angesetzt, welche durch diese Steuer gedeckt werden mussten. Die Repartition dieses Etatsquantums geschah anfangs in der Weise, dass die Weltlichen 28 %, die Geistlichkeit 65 % des Reinertrags zu entrichten hatten.

Bereits im nächsten Jahre trat aber eine Aenderung ein. Der schlesische Minister Münchow, welcher mit aller Umsicht und Energie für die Rechte der neuen Provinz überall eintrat, erinnerte den König in einem Monatsbericht an dessen frühere Aeusserung, wonach die Weltlichen mit einer Steuer von 25 %, die Geistlichkeit mit 50 % belegt sein sollten. Dabei fügte derselbe hinzu, dass allerdings dadurch ein Ausfall von 290 000 Thalern gegen den Etat eintreten würde. Der König bemerkt dazu i. m.: „200,000 Rthr. ab zu Setzen mus mann Sich nicht im Sinn kommen lassen, ich fordere keine extraordinaires. Die Geistlichen mus man wohl was Soulagiren aber alles Was er bei dem Etat verspart kömt Seiner Suma zu Hülfe und mus die Industrie Suchen praktikabel zu machen was von anfang Schwehr Scheint."

Im Anschluss an diesen Bescheid des Königs gelang es Münchow den definitiven Steuerfuss derart zu regeln, dass:

1) der Adel 28⅓ %,
2) die Bauern 34 %,
3) die Kommenden 40⅔ %,
4) die Geistlichkeit 50 %

des klassifizirten Reinertrags zu entrichten hatten. Es ist aber ein Verdienst Münchows, die Bauern vor einer noch grösseren

[1]) Die Steuersumme des Fürstbischofs betrug seit 1763 30 907 Thlr., während die von M. Lehmann, Preussen und die katholische Kirche 2. Th. S. 303, angeführten 21 617 Thlr. bis zu diesem Jahre nach dem Steuerfuss von 33⅓ Prozent zu entrichten waren.

Belastung zu Gunsten des Adels bewahrt zu haben; der schlesische Minister machte dabei seinen ganzen Einfluss gegenüber der Kommission geltend, welche den Steuersatz der Bauern bis auf 40 % hinaufgeschraubt hatte. Es war dies um so wichtiger und nöthiger, als, wie Thile einmal bemerkt, die Lage der Bauern gegenüber dem Adel dadurch eine ungünstige war, dass ihnen die grossen Frohnen, Zinsen und Zehnten von dem klassifizirten Reinertrag nicht in Abzug gebracht wurden, wie dies z. B. später in Westpreussen geschah.

Wenn aber Thile auf der anderen Seite äussert, der schlesische Bauer wäre doch nur halb so hoch besteuert, als der brandenburgische, pommersche und ostpreussische, so möchte ich das auf Grund der noch vorhandenen Steuerakten bestreiten.

Erwägt man alle Steuerlasten, welche die Bauern der einzelnen Provinzen zu tragen hatten, so kann man behaupten, dass die Pflichten dieser Steuersubjekte in Westpreussen, Ostpreussen und auch theilweise in der Mark Brandenburg geringer waren als in Schlesien.

Nach den statistischen Mittheilungen von Engel[1]) betrug die Grundsteuer in den östlichen Provinzen:

	bisher[2]) Thlr.	von 1861 Thlr.	Thlr.
Preussen	780 207	1 330 043	+ 549 836
Posen	374 235	726 367	+ 352 132
Pommern	441 015	825 612	+ 411 597
Schlesien (ausschliesslich der Oberlausitz)	1 792 124	1 634 900	— 157 224

wobei wir allerdings nicht wissen, ob die Nahrungsgelder und andere derartige Nebensteuern in den Grundsteuersummen vor 1861 enthalten sind. Hienach ergab aber die Grundsteuer von 1861 nur in Schlesien gegenüber den bisherigen Steuern ein Minus von 157 224 Thalern. Ferner sind in den fünf östlichen Provinzen durch die neue Grundsteuer im ganzen 34 Kreise und zwar in der früheren Provinz Preussen 2, dagegen in Schlesien allein 32 Kreise ermässigt, wobei „die erheblichste Ermässigung für den schlesischen Kreis Landeshut 41,2 % beträgt“. Diese statistischen Daten beweisen aller-

[1]) Dr. Engel, Die Grösse, Beschaffenheit und Besteuerung der preussischen Staatsgebietes, in der Ztschr. des königl. preuss. statist. Bureaus Jahrg. 1866 S. 22.

[2]) Man darf dabei nicht übersehen, dass infolge der Steuergesetzgebung nach 1810 die bisherigen Grundsteuern in allen Provinzen z. B. durch das Gesetz über Einrichtung des Abgabenwesens vom 1. Mai 1820, die neue Grundsteuer von veräusserten und vererbpachteten Domänen (1831), die Grundsteuervertheilung bei Ablösung der Reallasten und bei Regulirung der gutsherrlichen und bäuerlichen Verhältnisse, sowie bei Gemeinheitstheilung, endlich die Grundsteuer der Städte erhöht worden sind. Diese Erhöhung der Grundsteuer in Schlesien, welche 1748 1 704 932 Thlr. betrug, macht im ganzen 87 192 Thlr. aus.

dings nur einigermassen, dass die im 18. Jahrhundert festgestellte Gesammtbesteuerung der Provinz Schlesien und ihrer einzelnen Kreise damals eine relativ hohe war.

Aus dieser Thatsache folgt aber noch nicht, dass die Belastung der einzelnen Steuersubjekte eine übermässig grosse war. Die progressive Abstufung dieser Steuer hatte die Lasten zwischen den Reichen und Armen relativ gerechter vertheilt als irgend je eine Grundsteuer. Diese steuertechnischen Mittel und der Umstand, dass die neue Provinz durch Preussen eine objektive, entgegenkommende und gute Verwaltung erhielt, möchten wir als die Gründe ansehen, warum besondere Klagen über Steuerdruck in Schlesien nicht laut wurden. Die Einzelreklamationen freilich dauern bis zum Jahre 1780, wo sie definitiv von oben herab beseitigt und abgelehnt wurden, indem die Regierungen geltend machten, dass die Steuer bereits zu einer „hypothekarischen“ Last geworden wäre, welche in Kaufpreisen und Erbregulirungen überall ihre feste Berücksichtigung gefunden hätte. Welche Bedeutung aber diese Reform bei den urtheilsfähigen Zeitgenossen gerade wegen dieser steuertechnischen Momente erlangt hatte, erfahren wir aus dem Munde des kompetentesten Mannes, den Schlesien im vorigen Jahrhundert auf diesem Gebiete gehabt hatte. v. Kloeber bemerkt in seinem bekannten Buche am Schluss seiner Betrachtungen über diese Steuer: „Und doch ist dieses Kataster nach dem Urtheil Derjenigen, die eine Kenntnis davon haben, das Vollständigste und Genaueste in seiner Art.“

Fünfter Abschnitt.

Die westpreussische Kontribution

(1772—1773).

§ 1. Einleitung.

Bereits am 11. Mai 1772 hatte Friedrich II. den Präsidenten der Oberrechenkammer Roden, der kurz vorher die Regulirung der ländlichen Steuern in Kleve beendet hatte, mit der Aufgabe betraut, in den durch Reokkupation von Polen wiedererlangten „Provintzien" eine neue Kontributionsverfassung nach den Prinzipien des Generalhufenschosses in Ostpreussen einzurichten[1]). Eine geometrische Vermessung des Grund und Bodens sollte den Katasterarbeiten vorausgehen. Der grosse König räumte Roden dabei plein pouvoir in jeder Beziehung ein, während er selbst sich lediglich darauf beschränkte, einige allgemeine Gesichtspunkte für die der Kommission zu ertheilende Instruktion anzugeben.

„Die allgemeine Wohlfahrt des Landes sowohl, als auch eines jeden Particulier", wie es in dem Protokoll Rodens über die ihm ertheilte Audienz heisst, „beruhe hauptsächlich darauf, wenn die Landeslasten mit gleichen Schultern und nach einem egalen Fuss abgetragen werden. Es sollen sämmtliche Obrigkeiten, Unterthanen und Einwohner ohne Ausnahme in solchem Masse konkurriren, wie es eines Jeden Vermögen, Kondition und Nahrung mit sich bringe." Besonders die kleinen Leute sollten bei dieser Steuer möglichst geschont werden, damit ihre wirthschaftliche Kraft nicht gänzlich geschwächt würde.

Ganz besonders dürfte „Pomerellen nicht übersehen werden; da wären viele arme Leute und das Terrain schlecht,

---

[1]) Die folgende Schilderung fusst auf den westpreussischen Kontributions- und Klassifikationsakten, welche noch im Geh. Staatsarchiv zu Berlin vorhanden sind. Schimmelfennig a. a. O. S. 371—380 hat nur die Instruktion vom 5. Juni 1772 abgedruckt und knüpft daran mehrere vielfach unrichtige Bemerkungen.

besonders bei Friedland, Hammerstein, gegen Tuchel zu bis Konitz. Es müsste eine Proportion getroffen werden, z. B. wenn ein Reicher 5000 Thaler Einnahme hätte, so könnte dieser wohl die Hälfte mit 2500 Thalern abgeben, weil er dennoch leben könnte; ein Geringerer aber, wenn er 80 Thaler Einnahme hätte, könnte davon nicht die Hälfte abgeben, indem er alsdann nichts zu leben hätte; bei diesem wäre es schon genug, wenn er von 80 Thalern einen Thaler abgäbe."

Eine Persönlichkeit, wie der energische und begabte Minister Schlesiens Graf von Münchow, hätte bei dieser Sachlage eine interessante Steuer schaffen können; Roden, der ein im praktischen Staatsdienst sehr erfahrener Beamter von grosser Arbeitskraft war, löste seine Aufgabe nach der Schablone des bisherigen Verfahrens, ohne je in das Wesen des Generalhufenschosses eingedrungen zu sein. Dafür hatte er aber seinen Auftrag prompt innerhalb der ihm gesteckten Frist von sechs Monaten ausgeführt. Nachdem nämlich am 13. September 1772 die faktische Besitzergreifung der Provinz durch Preussen erfolgt war, begann die Kommission schon am 23. d. Mts. ihre Thätigkeit im Ermland.

Vierzehn der tüchtigsten Kammerdirektoren und Kriegsräthe waren zu diesem Zwecke Roden überwiesen. In zehn Aemtern wurden die Arbeiten gleichzeitig von je einem Mitglied als Einzelkommissar aufgenommen. Ueber dieselben wurden die drei Kammerdirektoren gesetzt, welche die Arbeiten der Einzelkommissare zu kontrolliren und mit ihrem Gutachten versehen an Roden einzusenden hatten. Der letztere übernahm mit einem Mitglied der Kommission die Superrevision der gesammten Klassifikationsakten.

In jedem Amte aber war dem Einzelkommissar ein Oekonom aus der Zahl der tüchtigsten Domänenpächter Preussens als ständiger Taxator und Sachverständiger beigegeben. Derselbe hatte sich durch Augenschein und Betreten aller Kulturarten, Aecker, Wiesen usw., eines Dorfes oder Gutsbezirks von der Bonität derselben ein Urtheil zu bilden und auf Grund der Vermessungsregister die Aussaat, den Ernteertrag, den Viehstand in einem schriftlichen Gutachten anzugeben.

Ein grösseres Corps von Ingenieuroffizieren, Kondukteuren und Landmessern war der Kommission vorausgeschickt worden, damit die Vermessungsarbeiten bis zum Einbruch des Winters absolvirt werden könnten.

Es gelang jedoch diese Vermessung thatsächlich nur im Ermland, Marienburger- und Kulmerland vollständig durchzuführen[1]). Bei dieser Vermessung wurden frühere Karten

[1]) Irrig und ohne Grund behauptet neuerdings Stadelmann, Preussens Könige in ihrer Thätigkeit für die Landeskultur, 1883, Bd. 2 S. 72, dass

und Abrisse in den bischöflichen Aemtern mit benutzt. Die Detailvermessung hatte je ein Dorf oder Gut zum Objekt und erstreckte sich auf alle Kulturarten: Aecker, Wiesen, Weiden, Wälder, Unland. Einheitsmass war der kulmische Morgen, der dreihundert kulmische Quadratruthen umfasste[1]). Gleichzeitig mit dieser Steuereinrichtung war von Friedrich II. eine Volkszählung[2]) mit besonderer Berücksichtigung der Konfession, Nationalität und Sprache angeordnet worden, welche gleichzeitig mit einer Viehstatistik verbunden war; letztere erstreckte sich auf die Auszählung der Pferde, Füllen, Ochsen, Kühe, des Jungviehs, der Schafe, Ziegen und Schweine.

§ 2. Die Ermittelung des Reinertrages von Grund und Boden.

Durch ein gedrucktes Avertissement hatte der König den Adel, die Kölmer und die Geistlichkeit auffordern lassen, alle ihre Güter, Dörfer, Pertinenzen, Wälder, Seen usw. wahrheitsgemäss aufzuschreiben, durch ihre Unterschrift zu beglaubigen und diese Schriftstücke nebst allen Privilegien, Kaufbriefen, Karten und Vermessungsregistern, Wirthschaftsrechnungen usw. den Kommissionen bei Strafe der Konfiskation alles dessen, was verschwiegen würde, zu übergeben. Die Kommission begann in einem Amt ihre Thätigkeit damit, dass zunächst der Oekonom in jedem Orte auf Grund der Vermessungsregister die verschiedene Bonität der einzelnen Kulturarten durch Augenschein und Lokaluntersuchung feststellte und sein Gutachten über die Grösse des Ernteertrags der Aecker, Wiesen, Weiden und den Umfang des Viehstandes, welcher wirthschaftlich gehalten werden konnte, in einem schriftlichen Gutachten niederlegte. Daneben suchte andererseits der Einzelkommissar die durchschnittliche Aussaat und das gewöhnliche Erntequantum mittelmässiger Jahre aus der eidlich abgegebenen Erklärung des Besitzers, den Ernte- und Wirthschaftsregistern, Kauf- und Pachtverträgen, sowie durch Vernehmung der Schulzen, Gerichte und Säeleute zu erforschen.

Dabei wurde in der Regel eine Dreifelderwirthschaft angenommen. Bei den Aeckern dagegen, welche nur alle sechs oder neun Jahre bestellt wurden, setzte man stets $^1/_6$ oder $^1/_9$ des Ernteertrags als jährlichen Naturalbruttoertrag fest.

Für alle Aecker der Provinz waren sieben Bonitätsklassen

die gesammte Bodenfläche in Westpreussen vermessen sei, während schon Schimmelfennig a. a. O. S. 375 nur eine partielle Vermessung kennt.

[1]) Näheres über diese Vermessungsarbeiten kann ich nicht angeben, da mir die Vermessungsregister und Karten nicht vorlagen.

[2]) Die statistischen Materialien sind unter den Klassifikationsakten, die vollständig im Geh. Staatsarchiv zu Berlin vorhanden sind, zerstreut und enthalten interessantes Material inbetreff der Städte, z. B. Elbings.

aufgestellt, welche nach der Grösse des durchschnittlichen Rohertrags der vier Hauptgetreidearten Weizen, Roggen, Gerste und Hafer für den geringsten Boden den dreifachen, für die besseren Böden den 3½-, 4-, 4½-, 5-, 5½- und 6fachen Körnerertrag annahmen.

Bei jedem Anwesen wurde die Aussaat und das Erntequantum der einzelnen Ackerstücke besonders ermittelt und dann durch Summirung aller der durchschnittliche Gesammtbruttoertrag festgestellt. Dieser letztere wurde unter eine der obigen sieben Klassen subsumirt. Neben den Hauptgetreidearten Weizen, Roggen, Gerste und Hafer wurde der Lein überall berücksichtigt; von den übrigen Ackerprodukten wurden Erbsen auf Roggen, Buchweizen auf Hafer nach einem festen Satz reduzirt, Bohnen dagegen dem Roggen, Hanf dem Lein gleichgesetzt. Der Rübsen wurde nur dann besonders angeschlagen, wenn er nicht in die Brache gesät war; alle Brachfrüchte dagegen blieben ausser Anschlag. Wo die Kommission Tabakbau antraf, wurde statt dessen der diesem kleinen Terrain entsprechende Durchschnittsertrag der Gerste angenommen.

Von dem ermittelten Naturalbruttoertrag wurden das Saatkorn und von der übrigen Ertragsgrösse die Hälfte als Produktionskosten abgezogen und der Rest als freies Einkommen jedes Besitzers angesehen. Letzteres Quantum ward nach den Getreidepreisen der Kammertaxe von 1768 in einen Geldreinertrag umgewandelt und als das steuerpflichtige Objekt angenommen.

Was die übrigen Kulturarten anbelangt, so ist bei den Wiesenparzellen nur der Ueberschuss an Heu und Grummet, welcher zum Unterhalt des Viehstandes nicht erforderlich war, katastrirt. Der Ertrag der Weideflächen blieb, weil das Einkommen aus der Viehzucht besonders fixirt wurde, ausser Anschlag.

Die Hopfen-, Küchen- und Baumgärten wurden dem Weizenacker der geringsten Klasse parifizirt und in den Ortsfluren, wo kein Weizenboden vorkam, dem Gerstenacker.

Die Ermittelung des jährlichen Einkommens der Wälder aber geschah mit Zuziehung eines besonderen Forstbeamten. Es wurde ausgemittelt, wie viel forstwirthschaftlich an Bau- und Brennholz jährlich ohne Ruin des Bestandes verkauft werden konnte, wobei man die üblichen geringsten Verkaufspreise zu Grunde legte. Auch die Abgaben für Leseholz, die Einnahmen aus der Eichelmast wurden nach einem zehnjährigen Durchschnitt berechnet.

Die Wasserstücke wurden lediglich nach dem Ertrag aus der Fischerei katastrirt. Der Reinertrag der Karpfenteiche wurde überall auf Abwachsteiche reduzirt und vornehmlich nach dem Pachtschilling bestimmt. Bei den Seen sah man besonders darauf, ob mit Wintergarn gefischt wurde oder nicht, und berechnete den jährlichen Gewinn nach der Zahl der Garnzüge und nach der Pachtsumme. Die kleine und wilde Fischerei ward nach einem dreijährigen Durchschnitt abgeschätzt. Die Vor- und Nachzüge, welche einzelnen Gütern auf den königlichen Seen eingeräumt waren, wurden nach dem Gutachten der Kommissare angeschlagen. Dazu kam der Ertrag der Rohrnutzung. Das Unland (Sandgruben usw.) blieb ausser Anschlag.

§ 3. Die Kulturkosten.

Hinsichtlich der Kulturkosten haben wir schon oben bemerkt, dass überall nach Abzug des Saatkorns die Hälfte des Körnerertrags als Aufwands- und Betriebskosten abgezogen und alle Brachfrüchte ausser Anschlag gelassen wurden; wo keine Brache gehalten wurde, schlug man ebenfalls ein Drittel der Aussaat ab. Bei den Gebäuden wurde gemäss dem Verfahren bei dem Generalhufenschoss je nach der Grösse des Anwesens für Bau- und Reparaturkosten eine Amortisationsquote von zehn, fünfzehn, vierzig, funfzig Thalern ausgeworfen.

Bei den Dörfern, welche keine oder nur geringe Wiesen- oder Weideflächen besassen, brachte man die Wiesenzinse, Weidegelder und die Beschaffungskosten für das Heu, welches sie jährlich zum Unterhalt der Wirthschaft kaufen mussten, von dem Geldertrag in Abzug. Bei den Aeckern und Wiesen dagegen, welche Ueberschwemmungen ausgesetzt waren, zog man ebenfalls eine Geldquote ab. Aus demselben Grunde wurden ferner in den Niederungen alle Teichlasten, Geldabgaben und persönliche Naturalleistungen von dem Gesammtertrag abgerechnet. Ebenso machte man bei den Mühlen, Ziegeleien usw. für die Reparaturen und casus fortuitos bestimmte Geldabzüge.

Endlich wurden den leibeigenen Bauern alle Reallasten und Frohnen, welche dieselben an den Adel oder die Geistlichkeit, den Bischof, Pfarrer, Schulmeister zu leisten hatten, als dauernde Ausgaben und Produktionskosten von dem ermittelten Geldrohertrag abgeschlagen. Zu diesem letzteren Verfahren, welches im Gegensatz zu der bisherigen Steuerpraxis stand, sah sich der Präsident Roden wegen der „enorm hohen Zinsen“ der Bauern, welche man hier überall antraf, veranlasst. Es waren freilich auch wohl in keinem anderen Theile Preussens die Zinsen und Frohnen der Bauern so hoch geschraubt wie hier. Die Geistlichkeit hatte noch ein Jahrzehnt etwa vor der Einverleibung die Lasten ihrer Bauern höher, fast bis zum Erdrücken gesteigert. Dieser Zustand hätte, wie Roden versichert, zum gänzlichen Ruin der Bauern führen müssen. Daher wurden überall die Zinsen, Zehnten und Frohnen aus den vorhandenen Kaufbriefen und durch persönliche Vernehmung der Interessenten genau ermittelt und in Geld berechnet.

Die gemessenen und ungemessenen Hand- und Spanndienste wurden nach der Zahl der Personen und Pferde pro Jahr und Tag in Geld berechnet, die Naturalleistungen und Ehrungen oder Fleischzehnten nach der Zahl der Hammel, Kälber, Geflügel, Eier, der Menge des Salzes, Unschlitts usw. nach den dabei üblichen Durchschnittspreisen ausgemittelt. Neben den Grund- und Getreidezinsen wurde das Pfluggetreide an den Bischof, das Wachsgeld und der Dezem an den Pfarrer berücksichtigt.

Nur den nach Abzug aller dieser bäuerlichen Lasten resultirenden wirklichen Geldreinertrag nahm die Kommission als Steuerobjekt an. Die leibeigenen Bauern erscheinen somit hier zum ersten Mal dem Fiskus gegenüber als selbständige Wirthschaftssubjekte, als ökonomisch gleiche Individuen neben Adel und Geistlichkeit[1]).

§ 4. Die übrigen Einkommenszweige.

Das Prinzip der Steuer war, neben dem Reinertrag der einzelnen Kulturarten, auch das mittlere jährliche Einkommen aller übrigen Einnahmequellen des platten Landes festzustellen. Von dem vorhandenen Viehstand wurden bei den bischöflichen und Kapitulargütern zwei Drittel als Milchvieh und ein Drittel als güste, beim Adel die Hälfte als milchend und die Hälfte als güste angenommen; nur bei den Kölmern und Bauern ist die wirkliche Anzahl beider Arten nach Abzug der Zugthiere katastrirt. Ueberall, wo man Fettweiden antraf, wurden die vorhandenen Mastochsen ausgezählt.

Den Ertrag der Molkereien schätzte man nach der Grösse des Pachtschillings ab, und das Einkommen aus den Stutereien wurde durch eine genaue Untersuchung festgestellt. Von den vorhandenen Schafen und Ziegen veranschlagte man nur die, welche über Winter gehalten wurden.

Als spezielles Einkommen des Adels und der Geistlichkeit wurden ferner auch die jährlichen Einnahmen aus den Frohnen, Natural- und Geldzinsen, Zehnten, wie sie die Kommission bei den Bauern in Geld fixirt hatte, zum Kataster gebracht. Daneben wurden auch die Einkünfte aus den Marktzöllen, Zinsen und Zehnten, welche die Mediatstädte an die Obrigkeiten zu entrichten hatten, berücksichtigt.

Von den landwirthschaftlichen Nebengewerben blieben die Brauereien und Branntweinbrennereien, um eine Doppel-

[1]) Näheres über die Lage der Bauern in Westpreussen und die Massnahmen Friedrichs II. bei Stadelmann a. a. O. S. 71—83.

besteuerung zu vermeiden, bei dieser Steuer ausser Anschlag. Dagegen belegte man das in den Landkrügen ausgeschänkte Bier und den Branntwein mit der Tranksteuer. Letztere ward nicht wie in Ostpreussen in ihrer Gesammtsumme fixirt, sondern wurde jährlich nach der Grösse des Umsatzes bei den einzelnen Steuersubjekten von den Landräthen von neuem konsignirt. Das aus den Akzisestädten bezogene Bier blieb von dieser Tranksteuer unberührt.

Die Einkünfte aus den herrschaftlichen Mühlen schätzte man nach der Natural- und Geldpacht ab; bei den übrigen nahm die Kommission einen Gewinn von 40 Thalern pro Gang an, falls sie den wirklichen Ertrag nicht feststellen konnte. Bezüglich der Wassermühlen, welche an öfterem Wassermangel litten, oder deren Dämme grössere Unterhaltungskosten verursachten, warf man bestimmte Abzugsquoten aus. Bei den Ziegeleien suchte man das Einkommen nach dem sechsjährigen, beziehungsweise dreijährigen Durchschnittsertrag mit besonderer Berücksichtigung der Unterhaltungskosten zu berechnen. Endlich wurde der jährliche Ertrag aus den Thongruben, Kalköfen, Theeröfen, der Pottasche, Blauasche, den Torfgräbereien, Steinbrüchen, den Kupfer-, Eisen-, Messing- und Blechhämmern, ferner den Glashütten, den Papier-, Pulver-, Oel-, Loh-, Walk-, Draht-, Schneidemühlen und Bleichen je nach der Grösse der augenblicklichen oder dauernden Produktion und unter Voraussetzung mittelmässiger Verhältnisse abgeschätzt.

§ 5. Der Steuerfuss.

Wir haben oben gesehen, dass auch bei dieser Steuer, welche nicht allein das platte Land, sondern zugleich die sogenannten Ackerstädte[1]) umfasste, alle Einkommenszweige jedes Steuersubjekts in ihrer Totalität nach dem jährlichen Ertrag festgestellt wurden. Man hätte nun erwarten sollen, dass der Präsident Roden, der hier ziemlich unbeschränkte Freiheit hatte und nur nach der Instruktion an die Prinzipien des Generalhufenschosses gebunden war, den Grundsatz der Steuergleichheit für Adel und Bauern, wie er in Ostpreussen durchgeführt worden war, realisiren würde. Aber Roden hatte irrthümlich aus den Akten des Generalhufenschosses heraus-

[1]) Als mit der Akzise zu belegende, von der Kontribution befreite Städte wurden ausgeschieden: Frauenburg, Braunsberg, Mehlsack, Wormditt, Guttstadt, Heilsberg, Rössel, Wartenburg, Bischofsburg, Allenstein, Bischofsstein, Seeburg, Marienburg, Stuhm, Elbing, Christburg, Neuteich, Tolkemit, Kulm, Graudenz, Gollub, Lautenburg, Löbau, Neumark, Strassburg, Behrent, Dirschau, Schöneck, Stargardt, Mewe, Neuenburg, Tuchel, Konitz, Friedland, Landen, Hammerstein, Baldenburg und Schwetz.

gelesen [1]) und angenommen, dass der Steuerfuss in Ostpreussen nur für die Bauern $33^1/_3$ Prozent von dem wirklichen Reinertrag ausmache. Auf Grund dieser irrigen Annahme warf er nach einer vorhergehenden Berathung mit dem Oberpräsidenten Domhardt folgende verschiedenartige Steuersätze aus:

1) für die Bauern
$33^1/_3$ Prozent;
2) für die Kölmer und Freien,
   a) welche keine Ritterdienste zu leisten hatten,
   28 Prozent;
   b) die, welche Ritterdienste hatten,
   25 Prozent;
3) für den Adel
25 Prozent;
4) für die Geistlichkeit
50 Prozent von dem ermittelten Reinertrag.

Dabei durfte aber die Steuersumme für Kölmer und Freie den Satz von 5 Thalern pro Hufe, für bäuerliche Grundstücke den von 3 Thalern pro Hufe nicht überschreiten, falls nicht ganz besondere Umstände, z. B. vorzüglich guter Acker, vorhanden waren.

Gleichzeitig hatte aber der Adel, die Kölmer und Freien an Stelle der Ritterdienste Lehnpferdegelder, und zwar der Adel, sofern er

1) mehr als 25 Hufen besass,		15 Thaler,
2) 15—24	„ „	10 „
3) weniger als 15	„ „	5 „
die Kölmer und Freien	„	$6^2/_3$ „

zu entrichten.

Durch die Kombination der Lehnpferdegelder mit dieser Steuer war der reale Steuerfuss beider Steuern für den Adel in manchen Fällen kaum geringer als der der Bauern. Dagegen war die Lage der letzteren infolge des von Roden durchgeführten Prinzips, wonach alle Frohnen und Reallasten von dem Geldbruttoertrag abgezogen wurden, fast als eine privilegirte zu bezeichnen gegenüber allen anderen Provinzen des preussischen Staates.

Während diese Kontribution alle diejenigen Steuersubjekte umfasste, welche mindestens eine halbe preussische Hufe (15 Morgen) besassen, wurden alle übrigen Einwohner, Handwerker, Eigenkäthner, Instleute, Einlieger mit dem sog. Schutzgeld, einer mässigen, wenig abgestuften Personal-Klas-

---

[1]) Roden beruft sich dabei ohne Grund auf ein Aktenstück, welches bei den Ministerialkonferenzen in Berlin 1714 abgefasst war, und nur pro informatione über die bisherigen ständischen Steuern eines Bauern in Ostpreussen entworfen wurde.

sensteuer belegt, deren Steuersätze zwischen $^1/_8$ Thaler und 2 Thalern schwankten. Dabei waren die Handwerker angewiesen, innerhalb einer bestimmten Frist in die neu eingerichteten Akzisestädte einzuwandern. Auf dem platten Lande durften nach einer Verordnung des Königs fernerhin nur verbleiben die Hufschmiede, Stell- und Radmacher, Zimmerleute, Schuhflicker, Leinweber, Schneider, wenn sie zugleich Küster waren, und die Höker, falls sie lediglich mit den aus den Akzisestädten gekauften und durch Passirscheine legitimirten Waaren, nämlich Thran, Theer, Oel, Licht, Seife, Schwefel, Lein, Band und Schnur, Nähnadeln und Essig, handelten.

Hinsichtlich der Juden, welche einer doppelten Besteuerung, dem Schutz- und dem Nahrungsgelde, unterlagen, befahl Friedrich II. in einer Kabinettsorder: „Die an die Juden geschehenen Verpachtungen von Brau- und Branntweinbrennereien auf dem Lande müssen gleich aufgehoben werden und zu den Aemtern geschlagen werden. Die Betteljuden vom platten Lande sowohl als aus den Städten müssen, jedoch successive und ohne Ungestüm weggeschafft werden, vermögende und kommerziirende Juden mit Schutzbriefen, die sie nachsuchen müssen, versehen, sollen in die Städte verwiesen werden, in welchen das Commercium darnieder liegt.“ Vom Schankgewerbe, der Brauerei und der Branntweinbrennerei, welche damals fast überall in den Händen der Juden waren, wurden dieselben prinzipiell und sofort ausgeschlossen.

Aus den wenigen Mittheilungen, welche wir in vorstehendem über diese Kontribution in Westpreussen liefern konnten, ersieht man, dass dieselbe eine mässige Grund- und Einkommensteuer war, bei der die Bauern leichter belastet und liberaler behandelt sind als irgendwo in einem anderen Lande im 18. Jahrhundert.

Bekanntlich hat nur eine Grundsteuer, nämlich die Josefinische Steuerreform vom Jahre 1785 in Oesterreich, die Dominikallasten der Bauern insofern berücksichtigt, als diese zusammen mit der Steuer 30 Prozent des Rohertrags nicht übersteigen durften. Gerade diese an sich sehr geringe Berücksichtigung der Lage der Bauern aber war die Ursache, weshalb die ganze Steuer Josefs II. schon nach Jahresfrist wieder beseitigt wurde.

Das finanzielle Ergebnis der Kontribution überstieg die Wünsche Friedrichs II. in Bezug auf Westpreussen.

Die Gesammtsumme, welche der Adel, die Kölmer und Bauern allein aufzubringen hatten, betrug 325 448 Thaler und 509 915 Thaler mit Einschluss der Geistlichkeit. Während also auf die Weltlichen 63 Prozent der ganzen Steuer entfielen, übernahm der Klerus 37 Prozent oder fast $^2/_5$ derselben. „Mehr kann man beim besten Willen nicht pretendiren“, äusserte der

König, als er dieses Resultat erfuhr. Diese Steuer umfasste nach Rodens Berechnungen 3390 Dörfer ohne die Gutsbezirke und deren Vorwerke. Nach der Verschiedenheit der Bonität der einzelnen Distrikte waren die durchschnittlichen Steuersätze in:

	für die kulmische Hufe		für die magdeb. Hufe[1])	
1) Ermeland	2 Thlr.	78 Gr.[2])	1 Thlr.	24 Gr.
2) Pomerellen . . .	3 „	43 „	1 „	49 „
3) Kulmer Land . .	4 „	23 „	1 „	80 „
4) den Netzekreisen . (Nakel, Dt. Krone, Bromberg)	4 „	72 „	2 „	12 „
5) jenseits der Netze .	6 „	24 „	2 „	71 „
6) Marienburger Land	8 „	45 „	3 „	70 „

1) Die kulmische Hufe hatte 66 kulmische Morgen, die magdeb. 30 magdeb. oder preuss. Morgen; die Relation des kulm. zum magdeb. Morgen habe ich nicht feststellen können. Im amtlichen Verkehr wurden nach Rodens Entscheidung $2^1/_4$ magdeb. Hufen auf eine kulmische Hufe gerechnet.

2) Der Thaler hatte 90 Groschen.

Hinterpommersche Beilagen.

Nr. 1. Instruktion des Kurfürsten Friedrich Wilhelm an die pommersche Regierung vom 18. März 1684.

... 2) Die 4 Commissare sollen die prägravirten Kreiser bereisen und alles wohl untersuchen,

damit sie zugleich aus dem Wachsthum des befindlichen Getreides die Beschaffenheit der Aecker um so viel besser erkennen können ...

4) dass Commissare aus der Ocularinspection die ungefähre Quantität und Qualität wohl judiciren, auch in Besichtigung der Dörfer gelegenheit und der Felder, soviel nöthig, sich informiren können, was vor Mangel und Nutzbarkeiten bei jedem Dorfe sind, wogegen etwa der schlechte Acker etwas ersetzt werden könnte. Den Hufenstand jedes Orts können sie aus den Matrikular- und Steuerregistern extrahiren und von den Pastoren, Nachbarn oder aus den Kirchenmatrikeln und anderen Umständen durch fleissige Nachfrage, die von Alters in jedem Dorfe gewesenen Bauern und den Zustand jeden Dorfes und der Aecker solchergestalt erkundigen.

6) Sollen Commissarii darauf reflectiren, ob das Dorf, so eine Reduction prätendirt, beides in qualitate et quantitate der Hufen beschweret sei, und ob solches nicht durch Viehzucht, Wiesenwachs, Fischerei, Brenn- und Nutzholz, Kohlen zu brennen oder Torf zu verkaufen und dergleichen nutzbare Zugänge hinwieder ersetzt werden kann ...

8) Sind gewisse Klassen unter den Bauern der prägravirten Dörfer einzurichten und zwar:

1) denjenigen Bauern und Besitzern der wüsten Hufen, welche ohne ihre Schuld und Nachlässigkeit wegen schlechten Ackers und übler Situation des Dorfes in solchen schlechten Zustand gerathen, dass sie in der Contribution nichts oder doch gar wenig zu Hilfe geben können, und von der Herrschaft zu ihrer Conservation jährlich mit Vieh, Brot und Saatkorn secundirt werden müssten und dabei auch nur schlechte oder mittelmässige

Dienste thun, dennoch aber auf 2 oder 3 Hackenhufen stehen, ist billig die Hälfte abzunehmen,

2) ingleichen denen von gleicher Beschaffenheit, welche auf $1^1/_2$ Hackenhufen oder $^7/_4$ stehen, nach befundenen Umständen 1 oder $^2/_3$ zu remittiren;

3) denen aber, so in etwas besserem Zustande sind, also dass sie ein ziemliches und bis an die Hälfte die Kontribution abstatten, sich auch sonsten ohne sonderlichen Zuschub konserviren können, kann, wenn sie auf 3 Hackenhufen stehen, 1, von 2 Hackenhufen aber $^1/_2$ abgenommen, den übrigen aber, so bei dieser letzten Beschaffenheit unter 2 Hackenhufen stehen, nichts erlassen werden.

9) Wenn nun die Commissarii alles besehen, befahren oder beritten, müssen sie bei jedem Dorf sofort ein kurzes Protokoll entwerfen und ihre pflichtgemässen Bedenken, wie hoch jedes Dorf zu reduciren, dabei setzen.

12) Wenn nun die Relationes hierüber abgestattet, können solche eurem unterthänigsten Vorschlag nach mit der vorhin geschehenen Vermessung konferirt und ob Commissarii auch richtig verfahren, daraus ersehen werden.

13) Sollte sich etwa bei einem Dorf ein merklicher Zweifel, ob recht verfahren sei oder nicht, hervorthun, so kann durch andere in Oekonomie erfahrene die Untersuchung, soweit nöthig, repetirt werden.

14) Wenn über vorangezeigte Prägravation sich in den Kreisen Unvermögen oder wüste Dörfer und Bauernhufen finden sollten, bei denen keine rechtmässige Ursache der Prägravation vorhanden, sondern wegen ihrer übelen Administration und Conduite, oder aus anderen Ursachen zur Unvermögenheit gerathen und wüste worden, mit denen ist es allerdings eurem unterthänigsten Vorschlag nach zu halten, ihnen nach Befinden ganz oder zum Theil ad tempus abzunehmen und an gewisse Leute, welche sich in verordneten Jahren wiederanbauen und gegen Erstattung der Baukosten nach geendigten Pachtjahren wieder einräumen, zu verpensioniren: wenn aber keine Besserung erfolgt, noch die Kontribution abgetragen wird, hat der Kreis jene Hufen zu Abtragung der Kontribution zu nehmen und zu behalten und was dieselben über Kontribution abwerfen, dem Eigenthümer abfolgen zu lassen.

Nr. 2. v. Blankensees Steuerprojekt (1715?).

1. Weil es unleugbar, dass der bisherige modus contribuendi sehr ungleich und unbillig gewesen, indem die Hufen

weder secundum quantitatem noch qualitatem recht und gleich considerirt und designirt worden, sondern schlechterdings so, wie sie designirt gewesen, steuern müssen, ob einige derselben schon 2, 3, 4 und mehrmal soviel tragen können, wie andere. Ueberdem auch der Designation von 1627 her viele neue Querelen wegen Versandung, Cessirung des Commercii, item dass der Hufenertrag an theils Orten das Quantum Contributionis nicht erreicht usw., entstanden und geführt worden. Gleichwohl darf man die aus den vorherigen Regestis compilirte Matrikul, so bisher und also an 100 Jahre pro norma et fundamento in allen vorkommenden Sachen gerichtet worden, weder direkte noch indirekte umzustossen und solches um so viel weniger, weil die daraus genommenen Quinten ratione der Aemter, des Fürstenthums und Städte, ob den letzteren schon einige Hufen zu merklichem Schaden der Ritterschaft gegen die einmal gemachte Proportion abgenommen worden, bestehen bleiben sollen. So ist kein besser Mittel, allen Querelen und Beschwerden abzuhelfen, so die Ritterschaft unter sich hat, als wenn alle in Matr. 1627 enthaltenen Bauern- und Cossätenhufen in einen grossen Anschlag nach ihrem eigentlichen Ertrag gebracht und die Anlage der Contribution nicht mehr nach Hufen, sondern Reichsthalern gemacht wird, wobei nicht die geringste Inegalität und Iniquität übrig bleiben, zumal es ratione der abzugebenden Kontribution allen und jedem gleich viel ist, ob die Bauern und Cossäten hoch oder gering im Catastro designirt stehen, ob die Hufen guten oder schlechten Acker haben, oder auch gar versandet sind, ob sie in Vorder- oder Hinterkreisen liegen, ob sie Mangel oder Ueberfluss an Holz, Wasser und Weide usw. haben, alle und jede dergleichen Einwürfe cessiren ganz und gar, weil nicht nach Hufen, sondern nach dem Ertrage kollektirt wird, und es also gleich viel ist, ob Jemand von 1, 2 oder 3 oder mehr Hufen, seinen Bauer oder Cossäten Hufen, welcher nach dem Ertrage e. g. auf 5, 10, 15 minder oder mehr Thaler taxirt ist, versteuert, und wenn die Hufen gar versandet, oder sonsten unnutzbar geworden, so cessirt auch der Ertrag und folglich die Contribution. Bei der Determinirung des Ertrags sind alle vorbemeldete Differenzen, so in certo quodam commodo et incommodo bestehen, zu consideriren und der Ertrag also zu moderiren, dass sowohl conservatio als casus minores e. g. Abschlag eines oder andern Korns it. Viehsterben usw. darin mit begriffen.

Alsdann es keines Nebenmodi und Designation der dazu gehörigen Stücke bedarf, weil a) solche und insonderheit der Abnutz von dem Vieh schon in dem Ertrag der Hufen mit steckt, b) sind solche Designationen sehr mühsam und kostbar, dabei doch öfters irrig und betrüglich, c) sind die vielen modi contribuendi Land und Leuten gefährlich und der Landesobrigkeit selbst schädlich, hindern auch das Commercium und depeupliren das Land, wie denn contribuable Hufen hoffentlich doch auch zureichend sein werden, das quantum contributionis sowohl ordin. als extraordinarium, wenn solche nicht gar zu hoch gesteigert wird, zu tragen e. g. die pommersche Ritterschaft hat nach der Matr. Bauer und Cossätenhufen 18000, hiervon ¼ à 4500 Hufen à 5 Thlr. = 22500 Thlr.

NB. Dieses werden die allerschlechtesten Hufen tragen können, wenn keine Contribution abgerechnet wird, welche von dem Ertrag soll gegeben werden.

Das 2. ¼ à	4500	Hufen à	10	Thaler	45000 Thaler
„ 3. „ „	4500	„ „	15	„	67500 „
„ 4. „ „	4500	„ „	20	„	90000 „

NB. solche Hufen werden sich auch finden und welche noch mehr tragen.

Sa. 18000 Hufen. Ertrag 225000 Thaler.

Etwas minder oder mehr wird der Sache nichts thun, denn in dem Entwurfe, so bei letzterem Landtag gemacht, trifft der pommerschen Ritterschaft zu dem Quanto

ordin.	59804 Thaler
ad Extraord.	15195 „
	75000 Thaler

solche nach dem vorigen Hufenertrag der 225000 Thaler repartirt, trifft von 1 Thaler zur Contribution: 12 Schill. so ⅓ des ganzen Ertrags ausmacht. Wenn es minder oder mehr kommt, müssen die Eigenthümer sich auch gefallen lassen.

Ob es denjenigen schon hart ankommt, welche bisher im Vortheil gesessen und von ihren Unterthanen die schuldigen Praestanda an Pachten und Diensten, ohne Abkürzung der Contribution genossen, ingleichen, welche die steuerbaren Hufen desfalls theuer bezahlt haben, dass sie mit der Steuer nicht sonderlich beschwert gewesen und nun quartam vel tertiam wo nicht mehr ihrer freigehabten Revenüen verlieren sollen. Da aber übriger rechtgesinnter Meinung nach in solchem Falle das Interesse publicum dem privatum vorzuziehen und die gemeinen Landesbeschwerden mit gleichen Schultern zu tragen, so werden solche hoffentlich sich also gefallen lassen, um auch S. Maj. zu zeigen, wie willig und bereit man sei, Deroselben und dem armen Lande unter die Arme zu greifen.

Den modum executionis betreffend, wenn solcher schon etwas Mühe und Kosten erfordert, so würde es doch auch etwas Egales und Beständiges sein und nicht den geringsten Zweifel oder Klagen, daferne es beim Anfang nur gleich und recht eingerichtet, hinterlassen. Es dürfte auch so schwer nicht zu expediren sein, indem an meisten Orten, wo nicht jetzt, doch vor diesen Bauer und Cossäten Hufen verpachtet gewesen, woraus Land= und Oekonomie-Verständige vereidete Commissarien leicht den abgezichleten Ertrag formiren und andere gleichfalls nach ihrer qualitaet proportioniren können.

Nr. 3. Die von Generalmajor v. Blankensee formulirten „interrogatoria specialia“ für die Vernehmung der Bauern (1777).

1) Wie viel Bauern und Cossäten im Dorfe sind und auf wie viel Hufen dieselben stehen? Wie viel Morgen die Hufen haben und wie viel Felder sie haben, und ob alles rein oder ob noch was bewachsen? Was sie an Winter- und Sommerkorn in ihre Hufen aussäen können, wenn sie ganz rein und das wie vielste Korn sie davon wieder bekommen?

2) Ob einige darunter verpachtet oder auf Dienstgeld gesetzt sind und was vom Hofe gegeben und über dem Dienstgelde noch sonst gethan oder gegeben werde?

3) Ob die Höfe und Hufen, so verpachtet so gut seien, als die anderen, davon Dienste gethan werden, ob Hofwehr dabei sei, und ob die Zimmer ihre eigenen gewesen oder der Herrschaft gehören?

4) Wie lange die wüsten Bauernhufen beim Herrenhofe oder Ackerwerke?

5) Was der Herrschaft vom Bauer- item Cossätenhofe vor Dienste zu Fuss und mit Anspannung gethan werden; wann die Bauern und Cossäten auf den Dienst kommen und wieder abgehen?

6) Ob der Bauer in Dienst nach grossen Städten fahre, und was er aufladen müsse, auch was die Herrschaft vor Nutzen davon habe?

7) Ob der Bauer oder Cossäte ein gewisses Land bestellen müsse oder thue so viel er kenne?

8) Ob der Bauer oder Cossäte von der Herrschaft bei dem Pferde- und Fussdienste gespeist werde, oder ob er Deputat bekomme und wie viel?

9) Ob der Bauer oder Cossäte die Contribution, Marches ganz oder etwas zuhülfe? It. Was sie an Pachten geben, ob sie Auf- und Abzugszehenden, das beste Pferd p. p, geben?

. . . .

12) Ob jeder Bauer sein volles Land zu seinem Hofe habe, so vor Alters dazu belegen gewesen, mit allen Beiländern, Wiesen, Holz, Fischerei und dergleichen.

13) Ob der Bauer die Dienste, so er und seine Vorfahren vorhin gethan, oder mehr thue?

14) Ob die Herrschaft von den steuerbaren Hufen, so

beim Herrenhofe oder Ackerwerke sind, auch die Marches, Landquartiere und dergleichen onera nach Proportion der Hufen trage?

15) Ob sie dasjenige, was wegen der Marches und Standquartiere der 7 Monate wegen eines Dragoners Hartfutter-Geld à Monat 1 Thlr. 23 Gr., thut in 7 Wintermonaten 13 Thlr. 17 Gr. von jedem Dragoner, gut gethan wird, jeder Zeit richtig bekomme?

16) Wenn Misswachs gewesen, ob ihnen die Herrschaft an ihren Diensten, Dienstgeldern, Pensionen, Pächten was erlasse und wie viel?

17) Wie viel Vieh ein Bauer und Cossäte auf dem Lande, so er beim Hofe hat, ausfüttern könne?

18) Ob die Herrschaft den Bauern öfters oder jährlich mit Vieh-, Saat- und Brotkorn helfen müsse und wie viel?

19) Ob sie es der Herrschaft wiedergeben, mit und ohne Interesse?

20) Ob auf den wüsten Bauer- oder Cossätenhofestellen Kathen stehen und bewohnt werden, ob auch Fischerkathen und wie viele?

21) Ob auch Instleute in dem Dorf und wie viele bei den Bauern einlägen?

22) Ob von den Bauerhöfen Riepen oder anderes Korn, Bischofgeld, Beede-Müntze, Silberzinse und Block-Fuhren an die königlichen Aemter oder sonsten wohin gegeben werden müssen?

23) Ob auch kann Land gemacht und wo?

Nr. 4. Extrakt des Etats 1722/23.

I. von Hinterpommern.

	Thlr.	Gr.	Pf.
1) ordin. Contribution	182 400	—	—
2) an beständigen Extraordinariis	5 187	8	—
3) an veränderlichen „	12 728	22	11
4) die CavallerieVerpflegung kostet dem Lande nach Abzug der Hartfuttergelder ungefähr	53 313	2	—
5) zu Salarien und sonstigen Landes Expensien ungefähr	9 162	10	2
Sa.	262 791	19	1

Der Hinterpommersche Hufenstand ist = 19 260 $^{7}/_{12}$ Landhuffen und trägt nach Unterschied der Corporum jede Hufe in obiger Summa bei 13 Thlr. 13 Gr. 5 Pf.

II. Vorpommern.

	Thlr.	Gr.	Pf.
1) an ordin. Contribution von jeder Landhufe 12 Gr. monatlich. Dazu werden durch den Nebenmodum und Quartalsteuer aufgebracht 5 Gr. 5¾ Pf., zusammen	38 924	16	—
2) CavallerieVerpflegung kostet	28 471	—	—
3) Fortificationsgeld	1 040	16	6
4) Magazinkorn	6 920	—	—
5) an Besoldung nach Coeslin	432	8	—
6) an Extraordinairen Landes-Expensen	2 968	12	9
Sa.	78 763	6	3

Der vorpommersche Hufenstand ist = 4452 Landhufen,
also jede Hufe = 17 Thlr. 15 Gr. — Pf.
in Hinterpommern „ „ = 13 „ 15 „ 5 „
die vorpommersche mehr 4 Thlr. — Gr. 7 Pf.

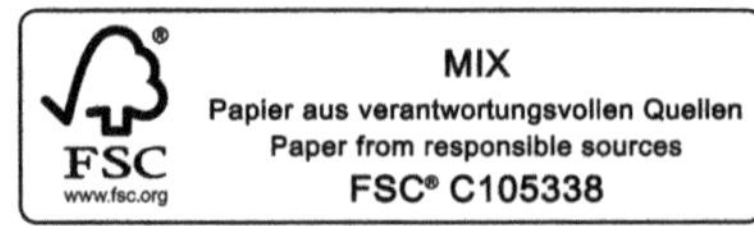

Printed by Libri Plureos GmbH
in Hamburg, Germany